D1798328

SENI DAUR DAUR! PERJALANAN EGGCELLENCE YANG SEDAP

Kuasai Seni Membuat Telur Telur Sempurna dengan Resipi Kreatif untuk Setiap Lelangit

Nurul Hanini Nizam binti Ab Jaman

Bahan Hak Cipta ©2023

Hak cipta terpelihara

Tiada bahagian buku ini boleh digunakan atau dihantar dalam apa jua bentuk atau dengan apa cara sekalipun tanpa kebenaran bertulis yang sewajarnya daripada penerbit dan pemilik hak cipta, kecuali petikan ringkas yang digunakan dalam semakan. Buku ini tidak boleh dianggap sebagai pengganti nasihat perubatan, undang-undang atau profesional lain.

ISI KANDUNGAN

QUICHE 183

KESIMPULAN 217

PENGENALAN

Selamat datang ke "SENI DAUR DAUR! PERJALANAN EGGCELLENCE YANG SEDAP," pengembaraan kulinari yang didedikasikan untuk hidangan serba boleh dan digemari—telur dadar. Dalam buku masakan ini, kami akan meneroka kemungkinan yang tidak berkesudahan untuk mencipta telur dadar yang lazat yang memenuhi semua citarasa. Sama ada anda penggemar sarapan pagi, penggemar sarapan tengah hari, atau sekadar mencari hidangan yang cepat dan mengenyangkan, telur dadar adalah pilihan yang tepat. Daripada gabungan klasik kepada perisa yang unik dan inovatif, buku masakan ini akan membimbing anda melalui perjalanan kecemerlangan telur yang menyeronokkan, memperkasakan anda untuk menjadi tukang masak omelet yang mahir di dapur anda sendiri.

Di dalam halaman ini, anda akan menemui pelbagai koleksi resipi telur dadar, direka dengan teliti untuk mempamerkan pelbagai bahan, perisa dan gaya masakan. Setiap resipi direka untuk memberikan arahan yang jelas, bersama-sama dengan ukuran bahan, untuk memastikan telur dadar anda kelihatan cantik setiap masa. Sama ada anda seorang pemula atau tukang masak yang berpengalaman, buku masakan ini akan memberi inspirasi kepada anda untuk melancarkan kreativiti anda dan bereksperimen dengan pelbagai inti, rempah ratus dan teknik untuk mencipta telur dadar yang cantik dan lazat.

Jadi, ambil pemukul anda, panaskan kuali anda, dan mari kita mulakan perjalanan yang menyeronokkan untuk membuat telur dadar bersama-sama. Bersedia untuk menarik perhatian keluarga dan rakan anda dengan sarapan pagi, sarapan lewat pagi atau apa-apa juadah sepanjang hari yang dipenuhi dengan rasa, tekstur dan kemungkinan yang luar biasa.

Omelet DAGING

1. Bacon dan Lada Dadar

BAHAN-BAHAN:
- 1 dan ½ cawan air
- 4 biji bawang besar, dicincang
- 6 auns daging, dicincang
- ½ cawan lada benggala merah, hijau dan oren, dicincang
- Secubit lada hitam
- 6 biji telur
- ½ cawan santan
- Semburan minyak zaitun

ARAHAN:

a) Dalam mangkuk, campurkan telur dengan secubit lada hitam dan santan dan pukul sebati.

b) Masukkan lada benggala campuran, bacon, dan daun bawang dan pukul lagi.

c) Sembur hidangan bulat dengan semburan minyak zaitun, tuangkan campuran telur dan ratakan.

d) Masukkan air ke dalam periuk segera anda, masukkan bakul pengukus dan hidangan pembakar ke dalam, tutup, dan masak di High selama 30 minit.

e) Biarkan telur dadar anda sejuk sedikit, hiris, bahagikan antara pinggan dan hidangkan.

f) Nikmati!

2. Telur dadar rumah ladang

BAHAN-BAHAN:
- 4 ketul bacon, dipotong dadu
- 1/4 cawan bawang cincang
- 6 biji telur besar
- 1 sudu besar air
- 1/4 sudu teh garam, pilihan
- 1/8 sudu teh lada
- Dash sos lada panas
- 3 sudu teh mentega, dibahagikan
- 1/2 cawan ham masak sepenuhnya kiub, dibahagikan
- 1/4 cawan cendawan segar yang dihiris nipis, dibahagikan
- 1/4 cawan lada hijau cincang, dibahagikan
- 1 cawan keju cheddar yang dicincang, dibahagikan

ARAHAN:

a) Masak bacon dalam kuali dengan api sederhana sehingga garing. Gunakan sudu berlubang untuk bergerak ke tuala kertas. Tapis, simpan 2 sudu teh titisan. Tumiskan bawang dalam titisan sehingga lembut, dan ketepikan.

b) Pukul bersama sos lada, lada sulah, garam jika anda mahu, air, dan telur dalam mangkuk. Dalam 10-dalam. kuali nonstick, panaskan 1-1/2 sudu teh mentega dengan api sederhana, dan masukkan separuh adunan telur. Semasa telur ditetapkan, naikkan tepi supaya bahagian yang belum dimasak berada di bawah.

c) Setelah telur ditetapkan, gerimis satu bahagian dengan separuh keju, lada hijau, cendawan, ham, bawang, dan bacon, dan lipat.

d) Letakkan penutup dan biarkan sehingga keju cair, kira-kira 1-2 minit.

e) Gunakan bahan-bahan lain untuk membuat Telur Dadar kedua dengan cara yang sama.

3. Omelet Ham dan Keju

BAHAN-BAHAN:
- 3 biji telur besar
- 1/4 cawan ham dipotong dadu
- 1/4 cawan keju cheddar yang dicincang
- Garam dan lada sulah secukup rasa
- 1 sudu besar mentega

ARAHAN:
a) Pecahkan telur ke dalam mangkuk dan pukul hingga sebati. Perasakan dengan garam dan lada sulah.

b) Panaskan mentega dalam kuali tidak melekat di atas api sederhana sehingga cair.

c) Masukkan ham yang dipotong dadu ke dalam kuali dan masak selama 1-2 minit sehingga ia mula berwarna perang sedikit.

d) Tuangkan telur yang telah dipukul ke dalam kuali, condongkannya untuk memastikan litupan yang sekata.

e) Biarkan telur masak selama beberapa saat sehingga ia mula mengembang di sekeliling tepi.

f) Taburkan keju cheddar yang dicincang ke atas separuh daripada telur dadar.

g) Menggunakan spatula, lipat separuh lagi telur dadar dengan berhati-hati di atas bahagian keju.

h) Masak selama satu minit lagi atau sehingga keju cair.

i) Luncurkan telur dadar ke atas pinggan dan hidangkan panas.

4. Telur dadar pisang lembu

BAHAN-BAHAN:

- 3 pisang pisang yang sangat masak
- Minyak untuk menggoreng
- 1 Bawang besar; dicincang
- ½ lada hijau; dicincang
- 2 Ulas bawang putih
- ½ paun daging lembu Kisar
- ¼ cawan sos tomato
- 1 sudu besar Capers
- 1 sudu besar buah zaitun hijau yang dihiris (pilihan)
- Garam dan lada
- ½ paun kacang hijau; segar atau beku, potong 3 inci
- 6 biji telur
- ¼ cawan Mentega

ARAHAN:

a) Kupas pisang, potong menjadi kepingan memanjang setebal 2 inci, dan goreng dalam minyak sehingga perang keemasan. Angkat, toskan, dan panaskan. Dalam kuali, tumis bawang besar, lada hijau, dan bawang putih sehingga lembut tetapi tidak perang.

b) Masukkan daging lembu yang telah dikisar dan goreng dengan api besar selama 3 minit.

c) Tuangkan sos tomato dan tambah caper dan buah zaitun, jika dikehendaki.

d) Masak selama 15 minit dengan api sederhana, kacau sekali-sekala. Perasakan dengan garam dan lada sulah secukup rasa. Basuh kacang panjang dan kukus sehingga lembut. Pukul telur, masukkan garam dan lada sulah secukup rasa.

e) Mentega bahagian tepi dan bawah kaserol bulat dan cairkan baki mentega di bahagian bawah. Tuangkan separuh daripada telur yang telah dipukul dan masak dengan api sederhana selama kira-kira 1 minit atau sehingga set sedikit.

f) Tutup telur dengan satu pertiga daripada hirisan pisang raja, diikuti dengan lapisan separuh daging yang dikisar dan separuh kacang tali. Tambah satu lagi lapisan pisang raja, baki daging lembu yang dikisar, satu lagi lapisan kacang, dan atasnya dengan pisang raja. Tuangkan baki telur yang telah dipukul di atas.

g) Masak dengan api perlahan selama 15 minit, tidak bertutup, berhati-hati agar telur dadar tidak hangus.

h) Kemudian letakkan dalam ketuhar 350 darjah yang telah dipanaskan selama 10 hingga 15 minit untuk coklat bahagian atas.

i) Hidangkan bersama nasi dan kacang. Sangat baik untuk makan tengah hari.

BAHAN-BAHAN:
- 4 biji telur besar
- 2 biji sosej, masak dan dihiris
- 1/2 cawan cendawan dihiris
- 1/4 cawan bawang besar dipotong dadu
- Garam dan lada sulah secukup rasa
- 1 sudu besar minyak zaitun

ARAHAN:

a) Dalam mangkuk, pukul telur dan perasakan dengan garam dan lada sulah.

b) Panaskan minyak zaitun dalam kuali dengan api sederhana.

c) Masukkan bawang dan cendawan ke dalam kuali dan masak sehingga lembut.

d) Masukkan sosej yang dihiris ke dalam kuali dan masak selama satu minit lagi.

e) Tuangkan telur yang telah dipukul ke dalam kuali, pastikan ia menutupi campuran sosej dan cendawan.

f) Biarkan telur dadar masak tanpa gangguan selama beberapa minit sehingga ia mula set.

g) Angkat perlahan-lahan tepi telur dadar dengan spatula dan condongkan kuali untuk membiarkan telur yang belum dimasak mengalir ke tepi.

h) Teruskan memasak sehingga telur dadar ditetapkan tetapi masih sedikit cair di tengah.

i) Lipat telur dadar dengan berhati-hati dan pindahkan ke pinggan.

j) Hidangkan panas.

6. Dadar Bacon dan Bayam

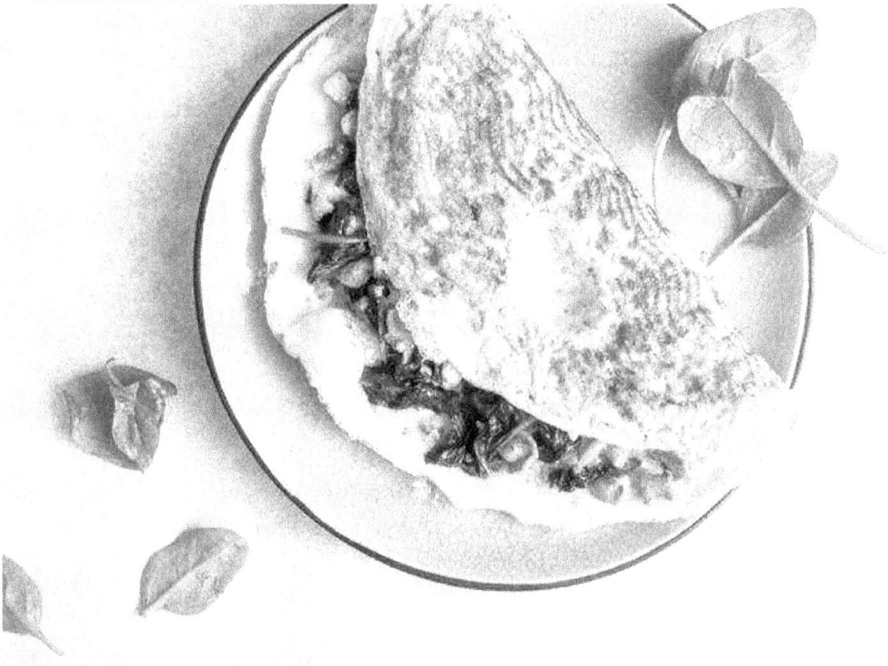

BAHAN-BAHAN:

- 3 biji telur besar
- 3 keping bacon, masak dan hancur
- 1 cawan daun bayam segar
- 1/4 cawan keju mozzarella yang dicincang
- Garam dan lada sulah secukup rasa
- 1 sudu besar mentega

ARAHAN:

a) Pukul telur dalam mangkuk dan perasakan dengan garam dan lada sulah.

b) Panaskan mentega dalam kuali tidak melekat di atas api sederhana sehingga cair.

c) Masukkan daun bayam ke dalam kuali dan masak sehingga layu.

d) Tuangkan telur yang telah dipukul ke dalam kuali, condongkannya untuk menutup bayam dengan rata.

e) Taburkan bacon yang hancur dan keju mozzarella yang dicincang ke atas separuh daripada telur dadar.

f) Biarkan telur masak sehingga ia mula melekat di sekeliling tepi.

g) Berhati-hati lipat separuh lagi telur dadar di atas bahagian daging dan keju.

h) Masak selama satu minit lagi atau sehingga keju cair.

i) Pindahkan telur dadar ke dalam pinggan dan hidangkan semasa panas.

BAHAN-BAHAN:
- 4 biji telur besar
- 1/2 cawan dada ayam masak, dipotong dadu
- 1/4 cawan lada benggala (apa-apa warna)
- 1/4 cawan tomato potong dadu
- 1/4 cawan bawang merah potong dadu
- Garam dan lada sulah secukup rasa
- 1 sudu besar minyak sayuran

ARAHAN:
a) Pecahkan telur ke dalam mangkuk dan pukul hingga sebati. Perasakan dengan garam dan lada sulah.

b) Panaskan minyak sayuran dalam kuali dengan api sederhana.

c) Masukkan lada benggala dan bawang merah yang dipotong dadu ke dalam kuali dan tumis sehingga ia agak empuk.

d) Masukkan tomato dadu dan dada ayam yang telah dimasak ke dalam kuali dan masak selama satu minit tambahan.

e) Tuangkan telur yang telah dipukul ke dalam kuali, pastikan adunan meliputi sayur-sayuran dan ayam dengan sekata.

f) Biarkan telur dadar masak tanpa gangguan selama beberapa minit sehingga ia mula mengembang di sekeliling tepi.

g) Angkat perlahan-lahan tepi telur dadar dengan spatula dan condongkan kuali untuk membiarkan telur yang belum dimasak mengalir ke tepi.

h) Teruskan memasak sehingga telur dadar ditetapkan tetapi masih sedikit cair di tengah.

i) Lipat telur dadar dengan berhati-hati dan pindahkan ke pinggan.

j) Hidangkan panas.

BAHAN-BAHAN:

- 3 biji telur besar
- 1/2 cawan stik masak, dihiris nipis
- 1/4 cawan hirisan bawang besar
- 1/4 cawan keju Swiss yang dicincang
- Garam dan lada sulah secukup rasa
- 1 sudu besar mentega

ARAHAN:

a) Dalam mangkuk, pukul telur dan perasakan dengan garam dan lada sulah.

b) Panaskan mentega dalam kuali dengan api sederhana sehingga cair.

c) Masukkan bawang yang dihiris ke dalam kuali dan masak sehingga ia menjadi lembut dan lut sinar.

d) Masukkan stik yang dihiris nipis ke dalam kuali dan masak selama satu minit lagi untuk memanaskannya.

e) Tuangkan telur yang telah dipukul ke dalam kuali, condongkannya untuk memastikan litupan yang sekata.

f) Biarkan telur masak selama beberapa saat sehingga ia mula mengembang di sekeliling tepi.

g) Taburkan keju Swiss yang dicincang ke atas separuh daripada telur dadar.

h) Menggunakan spatula, lipat separuh lagi telur dadar dengan berhati-hati di atas bahagian keju.

i) Masak selama satu minit lagi atau sehingga keju cair.

j) Luncurkan telur dadar ke atas pinggan dan hidangkan panas.

BAHAN-BAHAN:
- 3 biji telur
- ¼ cawan tomato kering yang dicincang
- ¼ cawan hirisan chorizo
- ¼ cawan keju cheddar yang dicincang
- Garam dan lada sulah secukup rasa

ARAHAN:
a) Pukul telur dengan garam dan lada sulah dalam mangkuk.
b) Panaskan kuali non-stick dengan api sederhana.
c) Masukkan chorizo dan tomato kering matahari ke dalam kuali dan masak selama 1-2 minit.
d) Tuangkan telur ke dalam kuali dan masak sehingga masak.
e) Taburkan keju di atas telur.
f) Lipat telur dadar separuh dan luncurkan ke atas pinggan.

BAHAN-BAHAN:
- 3 biji telur besar
- 1/4 cawan sosej masak dan hancur
- 1/4 cawan cendawan dihiris
- 2 sudu besar bawang cincang
- Garam dan lada sulah secukup rasa
- 1 sudu besar mentega

ARAHAN:
a) Dalam mangkuk, pukul telur hingga sebati. Perasakan dengan garam dan lada sulah.
b) Cairkan mentega dalam kuali dengan api sederhana.
c) Masukkan bawang cincang dan cendawan yang dihiris ke dalam kuali dan masak sehingga lembut.
d) Masukkan sosej yang telah masak dan hancur ke dalam kuali dan kacau selama satu minit lagi.
e) Tuangkan telur yang telah dipukul ke atas adunan sosej dan cendawan.
f) Masak selama kira-kira 2-3 minit atau sehingga bahagian tepi mula set.
g) Lipat telur dadar dengan berhati-hati dan masak selama satu minit lagi atau sehingga telur dadar masak.
h) Pindahkan ke dalam pinggan dan hidangkan panas.

BAHAN-BAHAN:

- 3 biji telur besar
- 2 keping daging masak, hancur
- 1/2 cawan daun bayam segar
- 2 sudu besar bawang cincang
- Garam dan lada sulah secukup rasa
- 1 sudu besar mentega

ARAHAN:

a) Pukul telur dalam mangkuk hingga sebati. Perasakan dengan garam dan lada sulah.

b) Panaskan mentega dalam kuali dengan api sederhana.

c) Masukkan bawang cincang ke dalam kuali dan tumis hingga lut sinar.

d) Masukkan daun bayam ke dalam kuali dan masak sehingga layu.

e) Tuangkan telur yang telah dipukul ke dalam kuali dan masak selama kira-kira 2-3 minit atau sehingga bahagian tepi mula set.

f) Taburkan bacon yang hancur rata ke atas telur dadar.

g) Lipat telur dadar separuh dan masak selama satu minit lagi atau sehingga telur dadar masak.

h) Pindahkan ke dalam pinggan dan hidangkan segera.

BAHAN-BAHAN:

- 3 biji telur besar
- 1/4 cawan stik yang dimasak dan dihiris nipis
- 1/4 cawan hirisan bawang besar
- Garam dan lada sulah secukup rasa
- 1 sudu besar mentega

ARAHAN:

a) Pukul telur dalam mangkuk sehingga sebati. Perasakan dengan garam dan lada sulah.

b) Cairkan mentega dalam kuali dengan api sederhana.

c) Masukkan bawang besar yang dihiris ke dalam kuali dan tumis hingga layu.

d) Masukkan stik yang dihiris nipis ke dalam kuali dan masak selama satu minit lagi.

e) Tuangkan telur yang telah dipukul ke dalam kuali dan masak selama kira-kira 2-3 minit atau sehingga bahagian tepi mula set.

f) Lipat telur dadar separuh dan masak selama satu minit tambahan atau sehingga telur dadar masak.

g) Pindahkan ke dalam pinggan dan hidangkan panas.

BAHAN-BAHAN:

- 3 biji telur besar
- 1/4 cawan ayam belanda yang dimasak dan dipotong dadu
- 1/4 cawan lada benggala (apa-apa warna)
- Garam dan lada sulah secukup rasa
- 1 sudu besar mentega

ARAHAN:

a) Pukul telur dalam mangkuk hingga sebati. Perasakan dengan garam dan lada sulah.

b) Cairkan mentega dalam kuali dengan api sederhana.

c) Masukkan lada benggala yang dipotong dadu ke dalam kuali dan tumis hingga empuk.

d) Masukkan ayam belanda yang dipotong dadu ke dalam kuali dan masak selama satu minit lagi.

e) Tuangkan telur yang telah dipukul ke dalam kuali dan masak selama kira-kira 2-3 minit atau sehingga bahagian tepi mula set.

f) Lipat telur dadar dengan berhati-hati dan masak selama satu minit lagi atau sehingga telur dadar masak.

g) Pindahkan ke dalam pinggan dan hidangkan segera.

Omelet CHEESY

14. Telur dadar keju dalam ketuhar gelombang mikro

BAHAN-BAHAN:
- 3 biji Telur besar
- ⅓ cawan Mayonis
- 2 sudu besar Marjerin
- ½ cawan keju Cheddar -- dicincang
- daun kucai
- Zaitun hitam -- dicincang

ARAHAN:
a) Dalam mangkuk yang lebih kecil letakkan kuning telur, dan menggunakan pemukul yang sama, pukul kuning telur, mayonis, dan 2 sudu besar air.

b) Perlahan-lahan tuangkan campuran kuning telur ke atas putih dan lipat dengan teliti.

c) Cairkan marjerin dalam pinggan pai 9 inci dan pusingkan untuk menyalut bahagian dalam.

d) Berhati-hati tuangkan telur ke dalam pinggan pai. Ketuhar gelombang mikro pada medium selama 5 hingga 7 minit

e) Taburkan keju yang dicincang di atas telur dan ketuhar gelombang mikro selama 30 saat hingga 1 minit.

f) Taburkan dengan daun kucai dan buah zaitun yang dicincang, kemudian cepat-cepat masukkan spatula di sekeliling tepi dan bawah hidangan. Lipat separuh telur dadar ke atas separuh lagi. Luncurkan ke atas pinggan hidangan.

15. Telur Pesto Cheesy

BAHAN-BAHAN:
- 1 sudu teh minyak zaitun
- 1 penutup cendawan Portobello, dihiris
- 1/4 cawan bawang merah yang dihiris
- 4 biji putih telur
- 1 sudu teh air
- garam dan lada hitam tanah secukup rasa
- 1/4 cawan keju mozzarella rendah lemak yang dicincang
- 1 sudu teh pesto yang disediakan

ARAHAN:

a) Dalam kuali, panaskan minyak pada api sederhana dan masak bawang dan cendawan selama kira-kira 3-5 minit.

b) Dalam mangkuk kecil, masukkan air, putih telur, garam, dan lada hitam dan pukul sebati.

c) Masukkan campuran putih telur ke dalam kuali dan masak, kacau selalu, selama kira-kira 5 minit atau sehingga putih telur mula pejal.

d) Letakkan keju di atas telur dadar, diikuti dengan pesto dan berhati-hati, lipat Omelet dan masak selama kira-kira 2-3 minit atau sehingga keju cair.

BAHAN-BAHAN:
- 4 batang asparagus segar, dipotong
- 2 sudu teh mentega
- 1 cawan pengganti telur
- 1/4 cawan krim masam berkurangan
- 2 sudu teh bawang cincang kering
- 1/4 sudu teh garam
- 1/4 sudu teh serpihan lada merah ditumbuk
- 2 auns keju krim rendah lemak, dipotong menjadi kiub 1/4 inci

ARAHAN:

a) Rebus asparagus dan 1/2 inci air dalam periuk besar. Letakkan penutup dan biarkan ia mendidih selama 3 minit. Toskan dan serta-merta masukkan asparagus ke dalam air ais. Biarkan ia mengalir dan keringkan.

b) Cairkan mentega dalam kuali besar nonstick dengan api sederhana tinggi. Pukul kepingan lada, garam, bawang, krim masam, dan telur dalam mangkuk kecil, kemudian tuangkan ke dalam kuali (campuran mesti ditetapkan serta-merta di tepi). Semasa telur ditetapkan, tolak tepi yang dimasak ke arah tengah untuk membiarkan bahagian yang belum dimasak mengalir di bawah.

c) Setelah telur menjadi set, letakkan asparagus dan krim keju pada 1 bahagian, kemudian lipat Telur Dadar di atas inti. Letakkan penutup dan biarkan ia berdiri selama 1 1/2 minit atau sehingga keju cair. Luncurkan ke dalam pinggan, kemudian potong dua.

BAHAN-BAHAN:

- 2 sudu besar mentega tanpa garam
- 1 cawan kiub separuh inci roti gaya desa
- 1 keledek sederhana
- 1 bawang merah kecil; dihiris nipis
- 2-auns keju kambing lembut lembut; hancur
- 1 sudu teh daun rosemary segar dikisar
- 5 biji Telur besar
- garam; untuk rasa
- Lada hitam yang baru dikisar; untuk rasa

ARAHAN:

a)   Panaskan ketuhar hingga 350 darjah. Dalam kuali tidak melekat 8 inci, cairkan 1 sudu besar mentega di atas api sederhana, dan dalam mangkuk toskan dengan kiub roti.

b)   Pada lembaran pembakar roti bakar kiub di tengah-tengah ketuhar sehingga keemasan pucat dan garing, kira-kira 10 minit, dan pindahkan ke mangkuk.

c)   Kupas keledek dan potong dadu ¼ inci. Dalam pengukus ditetapkan di atas air mendidih kukus kentang dan bawang sehingga lembut, kira-kira 4 minit, dan toskan dengan crouton. Sejukkan adunan dan toskan dengan keju kambing dan rosemary. Dalam mangkuk pukul bersama telur dan garam dan lada sulah secukup rasa.

d)   Dalam kuali panaskan ½ sudu besar mentega di atas api sederhana tinggi sehingga buih berkurangan. Tuang separuh telur, sengetkan kuali supaya rata di bahagian bawah.

e)   Masak Telur Dadar selama 1 minit, atau sehingga hampir set, kacau lapisan atas dengan belakang garpu dan goncangkan kuali, biarkan mana-mana telur yang belum dimasak mengalir di bawahnya.

f)   Taburkan separuh telur dadar dengan separuh adunan crouton dan masak 1 minit lagi atau sehingga set. Lipat telur dadar di atas inti dan pindahkan ke dalam pinggan.

g)   Pastikan Omelet hangat semasa membuat Omelet lain dengan baki mentega, telur dan campuran crouton dengan cara yang sama.

BAHAN-BAHAN:

- 2 biji telur
- ¼ cawan Cendawan, Mane Singa, Dipotong Kecil
- ⅓ cawan Ham, Gaya Deli, Dihiris Nipis, Didadu Kecil
- ⅓ cawan Keju, Colby Jack, Dicincang.

ARAHAN:

a) Panaskan griddle anda kepada sederhana/rendah ke sederhana.

b) Kumpulkan semua bahan anda.

c) Potong dadu cendawan dan ham.

d) Dalam mangkuk kecil, pukul telur bersama-sama.

e) Pada griddle kering yang telah dipanaskan, tumiskan cendawan yang dipotong dadu sehingga ia mula menjadi perang keemasan.

f) Masak ham yang dipotong dadu semasa cendawan keperangan.

g) Satukan cendawan dan ham di atas griddle.

h) Jika anda mempunyai cincin telur dadar, ia boleh digunakan sekarang.

i) Letakkan lapisan gris nipis yang anda inginkan pada griddle.

j) Tuangkan telur yang disebat ke atas griddle panas yang telah digris. Telur hendaklah dalam bulatan 6 inci bulat. Jika telur mula berjalan di atas griddle, gunakan spatula anda dan bawa ia kembali ke bentuk bulatan.

k) Apabila telur berhenti mengalir, masukkan ham dan cendawan yang telah dimasak ke bahagian atas dan ratakan di sekeliling bulatan.

l) Masak telur dadar selama kira-kira 2 minit pada setiap sisi. Tetapi masa memasak akan berbeza-beza. Anda perlu memasak telur dadar mengikut rupa ia kerana setiap griddle akan berbeza-beza dalam suhu.

m) Apabila telur dadar ham dan cendawan dimasak sebelah, sudah tiba masanya untuk terbalik. Dengan spatula besar, balikkan telur dadar dengan teliti.

n) Tambah separuh daripada keju yang dicincang kepada separuh daripada telur dadar.

o) Setelah telur dadar cendawan, ham dan keju masak, balik-balikkannya kepada separuh supaya bahagian bukan keju meleleh ke atas keju cair.

p) Teratas dengan baki keju parut dan keluarkan dari griddle.

BAHAN-BAHAN:

- 3 biji telur
- ¼ cawan tomato kering yang dicincang
- ¼ cawan keju mozzarella yang dicincang
- Garam dan lada sulah secukup rasa

ARAHAN:

a) Pukul telur dengan garam dan lada sulah dalam mangkuk.

b) Panaskan kuali non-stick dengan api sederhana.

c) Masukkan tomato kering matahari ke dalam kuali dan masak selama 1-2 minit.

d) Tuangkan telur ke dalam kuali dan masak sehingga masak.

e) Taburkan keju mozzarella di atas telur.

f) Lipat telur dadar separuh dan luncurkan ke atas pinggan.

BAHAN-BAHAN:
- 3 biji telur
- 1 sudu besar mentega
- ¼ cawan keju kambing hancur
- 2 sudu besar tomato kering yang dicincang
- Garam dan lada sulah secukup rasa

ARAHAN:
a) Dalam mangkuk, pukul telur dengan garam dan lada sulah.

b) Cairkan mentega dalam kuali tidak melekat dengan api sederhana.

c) Tuangkan telur ke dalam kuali dan masak sehingga bahagian tepi mula set.

d) Taburkan keju kambing dan tomato kering matahari pada separuh daripada telur dadar.

e) Menggunakan spatula, lipat separuh lagi ke atas keju dan tomato.

f) Masak selama satu minit lagi sehingga keju cair dan telur dadar ditetapkan.

21. Telur Dadar Wain Putih & Keju

BAHAN-BAHAN:

- 1 keping roti Perancis, lama besar, dipecahkan kepada kepingan kecil
- 6 sudu besar mentega tanpa garam, cair
- ¾ paun keju Swiss, dicincang
- ½ paun keju Monterey jack, dicincang
- 9 keping genoa salami, dihiris nipis
- 16 biji telur
- 3¼ cawan susu
- ½ cawan wain putih kering
- 4 bawang hijau besar, dikisar
- 1 sudu besar mustard bijirin
- ¼ sudu teh lada
- ¼ sudu teh lada merah
- 1½ cawan krim masam
- 1 cawan keju parmesan, parut baru

ARAHAN:

a) Sapukan roti dalam 2 kaserol besar mentega, gerimis dengan mentega, dan taburkan dengan daging & keju, bukan parmesan.

b) Pukul susu, telur, wain, bawang, mustard & rempah sehingga berbuih. Tuangkan ke atas kaserol, Tutup dengan kerajang, kelim tepi. Sejukkan semalaman.

c) Keluarkan dari peti ais & biarkan selama 30 minit. Panaskan ketuhar hingga 325 darjah, dan bakar selama kira-kira 1 jam. buka, dan sapukan krim masam & parmesan ke atas semua. Bakar sehingga garing & sedikit keperangan- lebih kurang 10 minit.

BAHAN-BAHAN:

- 2 biji telur
- 1 sudu teh air
- Lada yang baru dikisar
- Semburan masakan
- ½ sudu teh bawang putih kisar
- 4 auns cendawan butang atau cremini yang dihiris
- 1 auns keju Swiss rendah natrium dicincang
- 1 sudu teh pasli segar cincang

ARAHAN:

a) Dalam mangkuk kecil, pukul telur, air, dan lada sulah secukup rasa sehingga sebati.

b) Sembur kuali nonstick kecil dengan semburan masak dan panaskan dengan api sederhana. Masukkan bawang putih dan cendawan dan masak, kacau kerap, sehingga cendawan lembut kira-kira 5 minit. Pindahkan bancuhan cendawan ke dalam mangkuk.

c) Semburkan kuali sekali lagi dengan semburan masak, jika perlu, dan letakkan di atas api sederhana. Masukkan telur dan masak sehingga bahagian tepi mula set. Dengan spatula, tolak set telur dari tepi ke arah tengah. Condongkan kuali, biarkan telur yang belum dimasak merebak di sekeliling bahagian luar telur yang ditetapkan. Masak sehingga telur dadar hampir masak.

d) Sudukan cendawan yang telah dimasak ke dalam Telur Dadar dalam barisan di bahagian tengah. Teratas dengan keju dan separuh daripada pasli.

e) Lipat satu sisi Telur Dadar di bahagian atas sebelah yang lain. Biarkan ia masak selama 1 minit atau lebih untuk mencairkan keju.

f) Luncurkan Telur Dadar ke atas pinggan dan hidangkan segera, dihiasi dengan baki pasli.

23. Feta dan telur dadar souffle tomato sundried

BAHAN-BAHAN:
- 3 telur saiz sederhana; terpisah
- 1 sudu besar Air
- 2 sudu kecil pes tomato sundri
- 25 gram Mentega; (1oz)
- ½ 200 g pek keju feta; potong dadu kecil
- 3 tomato kering; cincang kasar
- 4 buah zaitun hitam; potong empat
- 15 gram basil segar; cincang kasar
- Garam dan lada hitam yang baru dikisar

ARAHAN:

a) Campurkan kuning telur dan air. Pukul putih sehingga ringan dan berbuih dan gabungkan dengan kuning. Masukkan pes tomato.

b) Panaskan mentega dalam kuali, sehingga panas. Tuangkan adunan telur tadi dan biarkan masak hingga pekat di tepi atas dan lembut di tengah.

c) Letakkan keju, tomato kering, buah zaitun, selasih segar, dan perasa pada separuh telur dadar dan lipat separuh lagi untuk membentuk penutup.

d) Pindahkan ke dalam pinggan dan hidangkan segera.

24. Avocado, Bacon, dan Omelet Keju Swiss

BAHAN-BAHAN:

- 3 biji telur
- 3 sudu besar Setengah setengah
- Garam dan lada sulah secukup rasa
- 2 sudu besar alpukat masak, dipotong dadu
- 1-auns keju Swiss, parut
- 1 keping bacon rangup

ARAHAN:

a) Satukan 4 bahan pertama dan pukul sebati.

b) Tuangkan ke dalam kuali Telur Dadar yang telah disapu minyak dan masak dengan api sederhana hingga kembang.

c) Masukkan alpukat, keju, dan daging hancur.

d) Hidangkan sama ada secara terbuka atau dilipat.

BAHAN-BAHAN:
- 4 biji telur besar
- 2 oz keju
- 12 buah zaitun, diadu
- 2 sudu besar mentega
- 2 sudu besar minyak zaitun
- 1 sudu teh herba de Provence
- ½ sudu teh garam

ARAHAN:

a) Masukkan semua bahan kecuali mentega ke dalam mangkuk, dan pukul hingga berbuih.

b) Cairkan mentega dalam kuali dengan api sederhana.

c) Tuang adunan telur ke atas kuali panas dan ratakan.

d) Tutup dan masak selama 3 minit.

e) Balikkan Telur Dadar ke sisi lain dan masak selama 2 minit lagi.

BAHAN-BAHAN:
- 18 biji telur
- 1 cawan krim masam
- 1 cawan susu
- 1 sudu teh garam
- ¼ cawan bawang hijau dicincang
- 1 cawan keju cheddar parut

ARAHAN:
a) Panaskan ketuhar hingga 325 darjah.

b) Dalam mangkuk besar, pukul telur, krim masam, susu dan garam. Lipat bawang hijau. Tuang adunan ke dalam loyang 9x13 inci yang telah digris. Bakar selama 45-55 minit, atau sehingga telur ditetapkan.

c) Segera taburkan keju di atasnya dan potong empat segi sebelum dihidangkan.

BAHAN-BAHAN:

- 2 biji telur
- 1 sudu besar mentega
- 1 sudu besar keju feta hancur
- 1 sudu besar daun pudina segar dicincang
- Garam dan lada sulah secukup rasa

ARAHAN:

a) Dalam mangkuk kecil, pukul bersama telur, garam dan lada sulah.

b) Cairkan mentega dalam kuali tidak melekat dengan api sederhana.

c) Tuangkan adunan telur ke dalam kuali dan putar hingga menyalut bahagian bawah.

d) Masak selama 2-3 minit atau sehingga bahagian bawah ditetapkan.

e) Taburkan keju feta dan daun pudina pada separuh daripada telur dadar.

f) Gunakan spatula untuk melipat separuh lagi telur dadar ke atas inti.

g) Masak selama 1-2 minit lagi atau sehingga keju cair dan telur masak.

h) Hidangkan segera dan nikmati!

VEGGIE OMELETTE

BAHAN-BAHAN:
- 1 sudu besar mentega tanpa garam, minyak zaitun atau Minyak Chile
- 2 biji telur besar, dipukul sebati
- ¼ cawan sauerkraut yang ditapis dengan baik
- Garam dan lada hitam yang baru dikisar

ARAHAN:
a)   Dalam kuali nonstick, panaskan mentega (atau minyak) dengan api sederhana rendah. Setelah mentega cair (atau minyak telah merebak di bahagian bawah kuali), masukkan telur yang telah dipukul dan condongkan kuali supaya telur sampai ke tepi.

b)   Taburkan sauerkraut dalam susunan yang menyenangkan di atas telur. Perasakan Telur Dadar dengan garam dan lada sulah (perlu diingat bahawa sauerkraut sudah mempunyai garam) dan condongkan kuali dalam gerakan membulat sekali lagi supaya sebarang lopak telur tersebar merata ke seluruh.

c)   Gunakan spatula silikon untuk mengangkat telur perlahan-lahan dari tepi kuali.

d)   Teruskan memasak, goncang kuali sekali-sekala, sehingga telur masak mengikut citarasa anda.

e)   Luncurkan Telur Dadar ke atas pinggan dan makan dengan segera.

BAHAN-BAHAN:

- 1 jalur bacon, potong 1/2 inci
- 4 Tater Tots beku, dicairkan
- 2 biji telur
- 2 sudu besar air
- 3 sudu besar keju cheddar yang dicincang

ARAHAN:

a) Masak daging dalam 8-in. kuali nonstick dengan api sederhana hingga garing. Masukkan Tater Tots dan gunakan spatula untuk memecahkannya.

b) Pukul air dengan telur dalam mangkuk kecil, dan masukkan ke dalam kuali.

c) Semasa telur ditetapkan, naikkan tepi untuk membiarkan bahagian mentah berjalan di bawahnya.

d) Setelah telur ditetapkan, letakkan keju pada satu sisi, dan lipat Telur Dadar di atas inti.

e) Letakkan penutup dan biarkan ia duduk sehingga keju cair, kira-kira 1-1/2 minit.

f) Pada hidangan, balikkan telur dadar untuk dinikmati.

BAHAN-BAHAN:

PAKAIAN THAI:
- Jus limau: ½
- Sos ikan: ½ sudu besar
- Gula perang: ½ sudu besar
- Cili kecil dipotong: 1
- Sos cili manis: 1 ½ sudu besar
- Cuka beras: ½ sudu besar
- Minyak kacang/minyak zaitun: 1 sudu teh
- Air: 1 sudu besar
- Gaulkan kesemuanya sehingga sebati.

Omelet:
- Minyak zaitun
- Bawang putih
- Sisa sayuran pilihan
- 1 cawan Garam: secukup rasa
- Telur: 2
- Air: 2 sudu besar
- Serbuk kunyit: secubit

ARAHAN:

a)   Tumis bawang putih, Cendawan, Asparagus, Brokoli, Kacang Salji, Bok Choy, dan Taugeh dalam kuali besi tuang dengan sedikit minyak.

b)   Teruskan masak sayur sehingga empuk tetapi masih garing, perasakan dengan garam dan lada sulah.

c)   Keluarkan dari dapur dan ketepikan.

d)   Satukan telur, air, garam, dan kunyit dalam mangkuk adunan sederhana.

e)   Dalam kuali besi tuang, masukkan sedikit minyak dan panaskan. Kemudian masukkan telur yang telah dipukul tadi. Masak, sekali-sekala kacau, sehingga telur mula set.

f)   Semasa telur dadar terus masak dalam kuali panas, keluarkan dari api, tutupnya dengan pelbagai jenis sayur-sayuran yang dimasak, dan lipat telur dadar di atasnya.

g)   Taburkan dressing Thai di atas salad dan hidangkan baki dressing di sebelah.

BAHAN-BAHAN:
- 5 biji telur besar, pada suhu bilik
- Garam kosher
- Lada putih kisar
- ½ cawan penutup cendawan shitake yang dihiris nipis
- ½ cawan kacang polong beku, dicairkan
- 2 daun bawang, dicincang
- 2 sudu teh minyak bijan
- ½ cawan air rebusan ayam rendah natrium
- 1½ sudu besar sos tiram
- 1 sudu besar wain beras Shaoxing
- ½ sudu teh gula
- 2 sudu besar kicap ringan
- 1 sudu besar tepung jagung
- 3 sudu besar minyak sayuran
- Nasi masak, untuk dihidangkan

ARAHAN:

a)   Dalam mangkuk besar, pukul telur dengan secubit garam dan lada putih. Masukkan cendawan, kacang polong, daun bawang, dan minyak bijan. Mengetepikan.

b)   Buat sos dengan merenehkan sup ayam, sos tiram, wain beras, dan gula dalam periuk kecil di atas api sederhana. Dalam cawan penyukat kaca kecil, pukul soya ringan dan tepung jagung sehingga tepung jagung larut sepenuhnya. Tuangkan bancuhan tepung jagung ke dalam sos sambil dipukul sentiasa dan masak selama 3 hingga 4 minit, sehingga sos menjadi cukup pekat untuk menyaluti bahagian belakang sudu. Tutup dan ketepikan.

c)   Panaskan kuali di atas api sederhana tinggi sehingga setitik air mendesis dan sejat apabila terkena. Tuangkan minyak sayuran dan pusingkan untuk menyalut pangkal kuali. Masukkan adunan telur dan masak, pusing-pusing dan goncang kuali sehingga bahagian bawah berwarna keemasan. Luncurkan Telur Dadar keluar dari kuali ke atas pinggan dan terbalikkan di atas kuali atau terbalikkan dengan spatula untuk memasak sebelah lagi sehingga kekuningan. Luncurkan Telur Dadar keluar ke atas pinggan hidangan dan hidangkan di atas nasi yang telah dimasak dengan sesudu sos.

BAHAN-BAHAN:
- 4 biji telur
- 1 sudu besar pasli, dicincang
- minyak zaitun
- 40 gram sawi mikrohijau
- 4 biji lobak, dihiris
- 2 biji bawang besar, dihiris
- secubit garam
- Secubit lada

ARAHAN:

a) Dalam mangkuk, pukul bersama telur dan pasli sehingga sebati; perasakan dengan garam dan lada sulah.

b) Goreng bawang besar, lobak, dan mikrohijau dalam minyak zaitun.

c) Goreng telur dadar selama 3 minit selepas menuang campuran telur ke atas sayur-sayuran.

d) Balikkan telur dadar dan goreng selama 2 minit lagi.

BAHAN-BAHAN:
- 200g kacang pea beku
- 20g mentega
- Segenggam kecil daun selasih, dicincang kasar
- 8 biji telur besar, dipukul
- 150g balak keju kambing, dihiris tebal
- 20g keju Parmesan, parut
- Garam laut dan lada hitam yang baru dikisar
- Untuk salad
- 250g asparagus, dipotong
- Segenggam besar daun roket
- Jus ½ lemon
- 3 sudu besar minyak zaitun

ARAHAN:
a) Panaskan gril hingga tinggi.

b) Masukkan kacang ke dalam colander dan tahan di bawah air suam yang mengalir selama kira-kira satu minit. Ini akan mencairkan mereka tanpa memasaknya.

c) Letakkan kuali besar kalis ketuhar di atas api sederhana tinggi dan masukkan mentega. Apabila panas, masukkan kacang polong, goncangkan kuali, dan masak selama 1-2 minit.

d) Masukkan selasih dan kacau rata sebelum tuangkan telur yang telah dipukul, kemudian masak selama 2-3 minit, atau sehingga Telur dadar mula set di bahagian bawah.

e) Sementara itu, sediakan salad. Dengan menggunakan alat pengupas mandolin atau sayur-sayuran, potong asparagus memanjang ke dalam serutan yang sangat halus dan letakkannya di dalam mangkuk dengan roket. Pukul jus lemon, minyak zaitun, dan secubit garam dalam mangkuk kecil, kemudian tuangkan dressing ini ke atas salad dan gaul rata.

f) Taburkan hirisan keju kambing di atas telur dadar, taburkan dengan Parmesan, dan perasakan dengan garam dan lada sulah. Letakkan kuali di bawah panggangan selama 1–2 minit, atau sehingga telur diletakkan di atas dan keju kambing telah mula menjadi perang.

g) Pindahkan Telur Dadar ke papan atau pinggan, potong ke dalam baji, dan hidangkan bersama salad asparagus dan roket.

BAHAN-BAHAN:

- 2 (3 auns) bungkusan mee ramen, dimasak
- 6 biji telur
- 1 lada benggala merah, dicincang
- 1 lobak merah besar, parut
- ½ cawan keju parmesan, parut

ARAHAN:

a) Dapatkan mangkuk adunan: Campurkan di dalamnya telur dengan 1 paket perasa ramen.

b) Masukkan mee, lada benggala, dan lobak merah. Gaul sebati.

c) Sebelum anda melakukan apa-apa lagi, panaskan ketuhar kepada 356 F.

d) Griskan loyang muffin dengan sedikit mentega atau semburan masak. Sudukan adunan ke dalam loyang.

e) Teratas muffin dengan keju parmesan. Masak muffin dalam ketuhar selama 16 minit. Hidangkan mereka hangat. Nikmati.

BAHAN-BAHAN:
- 2 biji telur, dipukul
- 1½ cawan bayam mentah
- 1 sudu besar minyak badam
- ⅓ cawan tomato dan salsa bawang
- Segenggam mikrohijau ketumbar

ARAHAN:
a) Cairkan minyak badam dalam kuali.
b) Masukkan bayam, dan telur ke dalam kuali.
c) Terbalikkan sebaik sahaja telur mengelilingi tepi.
d) Masukkan salsa di atas.
e) Pindahkan ke pinggan dan hiaskan dengan mikrohijau ketumbar.

BAHAN-BAHAN:
- 3 biji telur, dipukul
- 1 lobak merah, potong batang mancis
- 3 daun bawang, dihiris serong
- 1 genggam mikrohijau brokoli
- Sedikit lebihan ayam belanda yang dimasak
- Minyak safflower
- garam natrium rendah

ARAHAN:
a) Panaskan minyak dalam kuali atau kuali besi tuang dengan api sederhana, sehingga cukup panas untuk mengeluarkan setitik air.

b) Masukkan brokoli mikrohijau dan lobak merah, dan kacau goreng selama 2 minit.

c) Masukkan ayam belanda yang telah dimasak, dan kacau goreng selama 1 minit sehingga panas.

d) Masukkan daun bawang dan telur, dan kacau.

e) Perasakan dengan garam.

BAHAN-BAHAN:
- 4 biji telur
- 4 sudu besar Susu
- Garam dan lada sulah secukup rasa
- 2 sudu besar daun kucai dikisar
- 3 sudu besar Mentega
- 1 Dozen bunga kucai

ARAHAN:

a) Cairkan mentega dalam kuali kemudian satukan bahan-bahan yang tinggal dalam pengisar dan tuangkan ke dalam kuali panas yang telah disapu mentega.

b) Apabila tepi Telur Dadar mula set, kecilkan api sedikit, dan dengan spatula pusingkan telur yang belum dimasak ke bahagian bawah kuali sehingga semuanya masak.

c) Taburkan bunga yang telah dibasuh di bahagian atas telur dan kemudian lipat telur dadar dan biarkan masak lagi beberapa minit. Hidang.

BAHAN-BAHAN:
- 2 biji telur
- 2 Sudu besar keju cheddar parut
- 1 Sudu besar minyak zaitun
- 1 sudu teh kicap
- ½ bawang, dihiris
- ¼ sudu teh lada

ARAHAN:
a) Tetapkan suhu penggoreng udara anda kepada 350 darjah F.
b) Satukan telur, lada sulah, dan kicap.
c) Panaskan minyak zaitun dan tumis bawang besar.
d) Masukkan campuran telur-kicap dan goreng udara selama 10 minit.
e) Teratas dengan keju cheddar.

BAHAN-BAHAN:
- 20g mentega
- 1 sudu besar minyak zaitun
- 2 cendawan besar, dihiris halus
- 1 biji bawang merah, dihiris nipis
- 3 biji telur
- 100ml yogurt asli
- 1 sudu besar selasih, dicincang
- 1 sudu besar pasli, dicincang
- ½ sudu besar daun kucai, dicincang

ARAHAN:

a) Panaskan mentega dan minyak dalam kuali besar yang bertutup. Goreng cendawan, jangan kacau terlalu kerap, supaya mereka mengambil sedikit warna.

b) Masukkan bawang merah dan masak sehingga lembut. Kecilkan api kepada api sekecil mungkin.

c) Campurkan telur dan yogurt, kemudian perasakan dengan secubit garam dan lada laut. Pukul dengan pemukul elektrik (atau dengan kuat menggunakan tangan) sehingga sangat berbuih.

d) Masukkan adunan ke dalam kuali, masukkan herba dan tutup.

e) Masak hingga kembang dan betul-betul set.

BAHAN-BAHAN:

- 1 Sudu besar mentega
- 1 Sudu besar minyak zaitun
- 8 tangkai asparagus, potong ½ inci
- ¼ bawang, dicincang
- 6 biji telur, dipukul
- ¼ cawan susu
- garam dan lada sulah secukup rasa
- ½ cawan keju Swiss yang dicincang

ARAHAN:

a) Dalam kuali tidak melekat, panaskan mentega dan minyak dengan api sederhana.

b) Tambah asparagus dan bawang; masak selama 5 minit atau sehingga empuk.

c) Dalam mangkuk, satukan telur, susu, garam dan lada sulah.

d) Pukul campuran telur dengan garpu hanya sehingga buih mula muncul; tuangkan ke atas adunan asparagus.

e) Masak sehingga telur ditetapkan di atas; angkat tepi dengan spatula untuk membenarkan telur yang belum masak mengalir telur yang kurang masak.

f) Apabila telur ditetapkan, taburkan dengan keju. Potong menjadi kepingan.

IKAN DAN MAKANAN LAUT Omelet

41. Telur Dadar Udang dan Ketam

BAHAN-BAHAN:
- 4 biji telur
- 3 sudu besar krim kental
- Garam kosher dan lada hitam, secukup rasa
- 1 sudu besar minyak zaitun
- ¼ cawan cendawan dihiris
- ¼ cawan bayam segar
- ¼ cawan daging udang masak
- ¼ cawan ketulan daging ketam
- ¼ cawan keju Havarti yang dicincang

ARAHAN:

a) Dalam mangkuk adunan kecil, satukan telur dan krim kental dan pukul sehingga sebati. Taburkan garam dan lada sulah, dan campurkan. Tetapkan ke tepi.

b) Tuangkan minyak zaitun ke dalam kuali besar di atas api sederhana. Apabila minyak telah panas, toskan cendawan dan bayam ke dalam kuali, dan masak sehingga empuk. Keluarkan dari kuali dan letakkan ke tepi.

c) Tuangkan telur dan masak selama 2 minit. Taburkan udang, ketam, keju, cendawan, dan bayam. Lipat telur dadar separuh dan masak selama 2 minit lagi, kemudian keluarkan dari kuali. Hidangkan dan nikmati!

BAHAN-BAHAN:
- 1 dozen tiram kecil, dikosongkan, kira-kira 10–12 auns
- 2 biji telur dipukul
- 2 sudu besar tepung ubi
- 1/4 cawan air
- Cilantro dan bawang hijau dicincang halus
- Lada garam
- 2 sudu besar lemak babi atau minyak untuk menggoreng

ARAHAN:s:

a) Dalam mangkuk besar, buat adunan nipis bersama tepung ubi dan air. Pastikan tepung larut sepenuhnya.

b) Panaskan kuali untuk merokok. Sapukan permukaan kuali dengan lemak babi atau minyak.

c) Tuang dalam adunan ubi. Apabila ia hampir set sepenuhnya tetapi masih basah di atas, tuangkan telur yang dipukul dengan garam dan lada sulah.

d) Apabila bahagian bawah Telur Dadar berkerak kanji berwarna keemasan dan telur yang dipukul sudah separuh siap, pecahkan Telur Dadar menjadi kepingan menggunakan spatula. Tolak mereka ke satu sisi.

e) Masukkan tiram, bawang hijau, dan ketumbar dan tumis selama 1/2 minit. Lipat dan toskan dengan telur.

f) Hidangkan bersama sos panas atau sos cili manis pilihan anda.

BAHAN-BAHAN:

- 3 biji telur besar
- 2 auns salmon salai, dihiris nipis
- 1 sudu besar dill segar yang dicincang
- Garam dan lada sulah secukup rasa
- 1 sudu besar mentega

ARAHAN:

a) Pecahkan telur ke dalam mangkuk dan pukul hingga sebati. Perasakan dengan garam dan lada sulah.

b) Panaskan mentega dalam kuali tidak melekat di atas api sederhana sehingga cair.

c) Tuangkan telur yang telah dipukul ke dalam kuali, condongkannya untuk memastikan litupan yang sekata.

d) Biarkan telur masak selama beberapa saat sehingga ia mula mengembang di sekeliling tepi.

e) Letakkan kepingan salmon salai pada separuh telur dadar.

f) Taburkan dill cincang ke atas salmon salai.

g) Menggunakan spatula, lipat separuh lagi telur dadar dengan berhati-hati di atas salmon dan dill.

h) Masak selama satu minit lagi atau sehingga telur dadar set dan sedikit keemasan.

i) Pindahkan telur dadar ke dalam pinggan dan hidangkan panas.

BAHAN-BAHAN:

- 4 biji telur besar
- 1/2 cawan udang masak, dikupas dan diketuk
- 1 cawan daun bayam segar
- 1/4 cawan keju feta hancur
- Garam dan lada sulah secukup rasa
- 1 sudu besar minyak zaitun

ARAHAN:

a) Pukul telur dalam mangkuk dan perasakan dengan garam dan lada sulah.

b) Panaskan minyak zaitun dalam kuali dengan api sederhana.

c) Masukkan daun bayam ke dalam kuali dan masak sehingga layu.

d) Masukkan udang yang telah dimasak ke dalam kuali dan masak selama satu minit lagi.

e) Tuangkan telur yang telah dipukul ke dalam kuali, pastikan ia menutupi udang dan bayam dengan rata.

f) Biarkan telur dadar masak tanpa gangguan selama beberapa minit sehingga ia mula set.

g) Angkat perlahan-lahan tepi telur dadar dengan spatula dan condongkan kuali untuk membiarkan telur yang belum dimasak mengalir ke tepi.

h) Taburkan keju feta yang telah hancur di atas separuh daripada telur dadar.

i) Teruskan memasak sehingga telur dadar ditetapkan tetapi masih sedikit cair di tengah.

j) Lipat telur dadar dengan berhati-hati dan pindahkan ke pinggan.

k) Hidangkan panas.

45. Dadar Tuna dan Tomato

BAHAN-BAHAN:
- 3 biji telur besar
- 1/2 cawan tuna dalam tin, toskan
- 1/4 cawan tomato potong dadu
- 2 sudu besar pasli segar yang dicincang
- Garam dan lada sulah secukup rasa
- 1 sudu besar mentega

ARAHAN:
a) Pecahkan telur ke dalam mangkuk dan pukul hingga sebati. Perasakan dengan garam dan lada sulah.

b) Panaskan mentega dalam kuali tidak melekat di atas api sederhana sehingga cair.

c) Tuangkan telur yang telah dipukul ke dalam kuali, condongkannya untuk memastikan litupan yang sekata.

d) Biarkan telur masak selama beberapa saat sehingga ia mula mengembang di sekeliling tepi.

e) Sapukan tuna dalam tin secara rata pada separuh daripada telur dadar.

f) Taburkan tomato dadu dan pasli cincang ke atas tuna.

g) Menggunakan spatula, lipat separuh lagi telur dadar dengan berhati-hati di atas bahagian tuna dan tomato.

h) Masak selama satu minit lagi atau sehingga telur dadar set dan sedikit keemasan.

i) Pindahkan telur dadar ke dalam pinggan dan hidangkan panas.

46. Telur Dadar Ketam dan Avocado

BAHAN-BAHAN:
- 4 biji telur besar
- 1/2 cawan daging ketam masak, dikelupas
- 1/4 cawan alpukat potong dadu
- 1/4 cawan lada benggala merah dipotong dadu
- Garam dan lada sulah secukup rasa
- 1 sudu besar mentega

ARAHAN:
a) Pukul telur dalam mangkuk dan perasakan dengan garam dan lada sulah.

b) Panaskan mentega dalam kuali dengan api sederhana sehingga cair.

c) Tuangkan telur yang telah dipukul ke dalam kuali, condongkannya untuk memastikan litupan yang sekata.

d) Biarkan telur masak selama beberapa saat sehingga ia mula mengembang di sekeliling tepi.

e) Ratakan daging ketam yang telah dimasak ke atas separuh daripada telur dadar.

f) Taburkan alpukat yang dipotong dadu dan lada benggala merah ke atas daging ketam.

g) Menggunakan spatula, lipat separuh lagi telur dadar dengan berhati-hati di atas bahagian ketam dan alpukat.

h) Masak selama satu minit lagi atau sehingga telur dadar set dan sedikit keemasan.

i) Pindahkan telur dadar ke dalam pinggan dan hidangkan panas.

BAHAN-BAHAN:

- 3 biji telur besar
- 1/2 cawan kerang masak
- 1/4 cawan cendawan dihiris
- 2 sudu besar kucai segar dicincang
- Garam dan lada sulah secukup rasa
- 1 sudu besar minyak zaitun

ARAHAN:

a) Pecahkan telur ke dalam mangkuk dan pukul hingga sebati. Perasakan dengan garam dan lada sulah.

b) Panaskan minyak zaitun dalam kuali tidak melekat di atas api sederhana.

c) Masukkan cendawan yang dihiris ke dalam kuali dan masak sehingga ia menjadi sedikit empuk.

d) Masukkan kerang yang telah dimasak ke dalam kuali dan masak selama satu minit lagi.

e) Tuangkan telur yang telah dipukul ke dalam kuali, pastikan ia menutupi kerang dan cendawan dengan rata.

f) Biarkan telur dadar masak tanpa gangguan selama beberapa minit sehingga ia mula set.

g) Angkat perlahan-lahan tepi telur dadar dengan spatula dan condongkan kuali untuk membiarkan telur yang belum dimasak mengalir ke tepi.

h) Taburkan daun kucai segar yang dicincang ke atas separuh daripada telur dadar.

i) Teruskan memasak sehingga telur dadar ditetapkan tetapi masih sedikit cair di tengah.

j) Lipat telur dadar dengan berhati-hati dan pindahkan ke pinggan.

k) Hidangkan panas.

BAHAN-BAHAN:
- 4 auns salmon masak, dikelupas
- 3 biji telur besar
- 1 cawan daun bayam segar
- ¼ cawan keju parut (Swiss, feta atau pilihan anda)
- Garam dan lada sulah secukup rasa
- 1 sudu besar mentega atau minyak masak

ARAHAN:

a) Dalam mangkuk, pukul telur dan perasakan dengan garam dan lada sulah.

b) Panaskan mentega atau minyak dalam kuali tidak melekat di atas api sederhana.

c) Masukkan daun bayam dan masak hingga layu.

d) Tuangkan telur yang telah dipukul ke dalam kuali bersama bayam.

e) Biarkan telur mengeras sedikit, kemudian taburkan salmon serpihan dan keju yang dicincang rata ke atas telur dadar.

f) Telur dadar dilipat perlahan-lahan menggunakan spatula.

g) Teruskan memasak sehingga telur siap sepenuhnya dan keju telah cair.

h) Pindahkan omelet ke dalam pinggan dan hidangkan panas.

Omelet BUAH-BUAHAN

BAHAN-BAHAN:
- 2 sudu teh minyak kelapa
- ½ epal hijau besar, dibuang biji dan dihiris nipis
- ¼ sudu teh kayu manis tanah
- 1/8 sudu teh pala tanah
- 2 biji telur organik yang besar
- 1/8 sudu teh ekstrak vanila organik
- secubit garam

ARAHAN:

a)   Dalam kuali nonstick, cairkan 1 sudu teh minyak kelapa dengan api yang tinggi dan tumis hirisan epal dengan buah pala dan kayu manis selama kira-kira 4-5 minit, pusing sekali separuh. -memasak.

b)   Sementara itu, masukkan telur, vanila, dan garam ke dalam mangkuk dan pukul hingga kembang

c)   Keluarkan kuali dari api dan cairkan baki minyak.

d)   Tuang adunan telur rata ke atas hirisan epal dan masak selama kira-kira 3-4 minit atau sehingga kematangan yang diingini.

e)   Berhati-hati terbalikkan kuali ke atas pinggan hidangan dan segera lipat telur dadar menjadi dua.

BAHAN-BAHAN:
- 3 biji telur besar
- 1 pisang masak, dihiris
- 2 sudu besar Nutella (atau apa-apa taburan coklat hazelnut)
- 1 sudu besar mentega
- Gula tepung (untuk habuk, pilihan)

ARAHAN:
a) Pecahkan telur ke dalam mangkuk dan pukul hingga sebati.

b) Panaskan mentega dalam kuali tidak melekat di atas api sederhana sehingga cair.

c) Tuangkan telur yang telah dipukul ke dalam kuali, condongkannya untuk memastikan litupan yang sekata.

d) Biarkan telur masak selama beberapa saat sehingga ia mula mengembang di sekeliling tepi.

e) Sapukan Nutella secara rata pada separuh daripada telur dadar.

f) Susun hirisan pisang di atas Nutella.

g) Menggunakan spatula, lipat separuh lagi telur dadar dengan berhati-hati di atas pisang dan bahagian Nutella.

h) Masak selama satu minit lagi atau sehingga telur dadar set dan sedikit keemasan.

i) Pindahkan telur dadar ke dalam pinggan dan taburkan gula tepung jika suka.

j) Hidangkan panas.

BAHAN-BAHAN:
- 3 biji telur besar
- 1/2 cawan beri campuran (seperti strawberi, beri biru dan raspberi)
- 2 sudu besar madu
- 1 sudu besar mentega

ARAHAN:
a) Pecahkan telur ke dalam mangkuk dan pukul hingga sebati.

b) Panaskan mentega dalam kuali tidak melekat di atas api sederhana sehingga cair.

c) Tuangkan telur yang telah dipukul ke dalam kuali, condongkannya untuk memastikan litupan yang sekata.

d) Biarkan telur masak selama beberapa saat sehingga ia mula mengembang di sekeliling tepi.

e) Sapukan beri campuran secara merata ke atas separuh daripada telur dadar.

f) Tuangkan madu ke atas buah beri.

g) Menggunakan spatula, lipat separuh lagi telur dadar dengan berhati-hati di atas bahagian beri dan madu.

h) Masak selama satu minit lagi atau sehingga telur dadar set dan sedikit keemasan.

i) Pindahkan telur dadar ke dalam pinggan.

j) Hidangkan panas.

BAHAN-BAHAN:
- 3 biji telur besar
- 1 buah pic masak, dihiris
- 2 sudu besar hirisan badam
- 1 sudu besar madu
- 1 sudu besar mentega

ARAHAN:

a)   Pecahkan telur ke dalam mangkuk dan pukul hingga sebati.

b)   Panaskan mentega dalam kuali tidak melekat di atas api sederhana sehingga cair.

c)   Tuangkan telur yang telah dipukul ke dalam kuali, condongkannya untuk memastikan litupan yang sekata.

d)   Biarkan telur masak selama beberapa saat sehingga ia mula mengembang di sekeliling tepi.

e)   Sapukan buah pic yang dihiris secara merata ke atas separuh daripada telur dadar.

f)   Taburkan hirisan badam ke atas pic.

g)   Tuangkan madu ke atas pic dan badam.

h)   Menggunakan spatula, lipat separuh lagi telur dadar dengan berhati-hati di atas pic, badam dan sisi madu.

i)   Masak selama satu minit lagi atau sehingga telur dadar set dan sedikit keemasan.

j)   Pindahkan telur dadar ke dalam pinggan.

k)   Hidangkan panas.

BAHAN-BAHAN:
- 3 biji telur besar
- 1/2 cawan buah tropika yang dipotong dadu (seperti nanas, mangga dan betik)
- 2 sudu besar kelapa parut
- 1 sudu besar madu
- 1 sudu besar mentega

ARAHAN:
a) Pecahkan telur ke dalam mangkuk dan pukul hingga sebati.

b) Panaskan mentega dalam kuali tidak melekat di atas api sederhana sehingga cair.

c) Tuangkan telur yang telah dipukul ke dalam kuali, condongkannya untuk memastikan litupan yang sekata.

d) Biarkan telur masak selama beberapa saat sehingga ia mula mengembang di sekeliling tepi.

e) Sapukan buah-buahan tropika yang dipotong dadu secara merata ke atas separuh daripada telur dadar.

f) Taburkan kelapa parut ke atas buah.

g) Siramkan madu ke atas buah-buahan dan kelapa.

h) Menggunakan spatula, lipat separuh lagi telur dadar dengan berhati-hati di atas buah-buahan, kelapa, dan sisi madu.

i) Masak selama satu minit lagi atau sehingga telur dadar set dan sedikit keemasan.

j) Pindahkan telur dadar ke dalam pinggan.

k) Hidangkan panas.

BAHAN-BAHAN:

- 3 biji telur besar
- 1 pisang masak, dihiris
- 2 sudu besar walnut cincang
- 1 sudu besar madu
- 1 sudu besar mentega

ARAHAN:

a) Dalam mangkuk, pukul telur hingga sebati.

b) Panaskan mentega dalam kuali dengan api sederhana.

c) Tuangkan telur yang telah dipukul ke dalam kuali dan masak selama kira-kira 1-2 minit atau sehingga bahagian tepi mula set.

d) Susun pisang yang dihiris dan kacang kenari yang dicincang rata pada separuh bahagian telur dadar.

e) Siramkan madu ke atas pisang dan walnut.

f) Menggunakan spatula, lipat separuh lagi telur dadar dengan berhati-hati di atas inti.

g) Masak lagi 1-2 minit atau sehingga telur dadar masak.

h) Luncurkan telur dadar ke atas pinggan dan hidangkan hangat.

BAHAN-BAHAN:

- 3 biji telur besar
- 1/2 cawan beri biru segar
- Perahan 1 lemon
- 1 sudu besar gula
- 1 sudu besar mentega

ARAHAN:

a) Pecahkan telur ke dalam mangkuk dan pukul hingga sebati.

b) Dalam mangkuk yang berasingan, toskan blueberry dengan kulit lemon dan gula.

c) Panaskan mentega dalam kuali tidak melekat dengan api sederhana sehingga cair.

d) Tuangkan telur yang telah dipukul ke dalam kuali dan biarkan ia masak selama kira-kira 1 minit atau sehingga bahagian tepi mula set.

e) Sapukan campuran blueberry secara merata ke atas separuh telur dadar.

f) Menggunakan spatula, lipat separuh lagi telur dadar dengan berhati-hati di atas beri biru.

g) Masak selama 1-2 minit lagi atau sehingga telur dadar masak dan beri biru sedikit lembut.

h) Pindahkan ke dalam pinggan dan hidangkan hangat.

BAHAN-BAHAN:
- 3 biji telur besar
- 1/2 cawan raspberi segar
- 2 sudu besar cip coklat
- 1 sudu besar gula
- 1 sudu besar mentega

ARAHAN:
a) Pukul telur dalam mangkuk hingga sebati.
b) Panaskan mentega dalam kuali dengan api sederhana.
c) Tuangkan telur yang telah dipukul ke dalam kuali dan masak selama kira-kira 1-2 minit atau sehingga bahagian tepi mula set.
d) Taburkan raspberi dan cip coklat secara merata pada separuh daripada telur dadar.
e) Taburkan gula ke atas buah beri dan coklat.
f) Menggunakan spatula, lipat separuh lagi telur dadar dengan berhati-hati di atas inti.
g) Masak lagi 1-2 minit atau sehingga telur dadar masak dan cip coklat cair sedikit.
h) Pindahkan ke dalam pinggan dan hidangkan hangat.

BAHAN-BAHAN:

- 3 biji telur besar
- 1 biji pir masak, dihiris nipis
- 1 sudu besar halia segar parut
- 1 sudu besar madu
- 1 sudu besar mentega

ARAHAN:

a) Pukul telur dalam mangkuk sehingga sebati.

b) Panaskan mentega dalam kuali dengan api sederhana.

c) Tuangkan telur yang telah dipukul ke dalam kuali dan masak selama kira-kira 1-2 minit atau sehingga bahagian tepi mula set.

d) Susun pir yang dihiris sama rata di atas separuh telur dadar.

e) Taburkan halia parut ke atas pear.

f) Siramkan madu ke atas pear dan halia.

g) Berhati-hati lipat separuh lagi telur dadar di atas pear.

h) Masak lagi 1-2 minit atau sehingga telur dadar masak dan buah pear agak lembut.

i) Pindahkan ke dalam pinggan dan hidangkan hangat.

BAHAN-BAHAN:

- 3 biji telur besar
- 1 biji mangga masak, dihiris
- 2 sudu besar kelapa parut
- 1 sudu besar madu
- 1 sudu besar mentega

ARAHAN:

a) Dalam mangkuk, pukul telur hingga sebati.

b) Panaskan mentega dalam kuali dengan api sederhana.

c) Tuangkan telur yang telah dipukul ke dalam kuali dan masak selama kira-kira 1-2 minit atau sehingga bahagian tepi mula set.

d) Susun mangga yang dihiris sama rata pada separuh bahagian telur dadar.

e) Taburkan kelapa parut ke atas mangga.

f) Siramkan madu ke atas mangga dan kelapa.

g) Menggunakan spatula, lipat separuh lagi telur dadar dengan berhati-hati di atas inti.

h) Masak lagi 1-2 minit atau sehingga telur dadar masak dan mangga empuk sedikit.

i) Luncurkan telur dadar ke atas pinggan dan hidangkan hangat.

BAHAN-BAHAN:
- 3 biji telur besar
- 1/2 cawan nenas dipotong dadu
- Daun pudina segar, dicincang
- 1 sudu besar gula
- 1 sudu besar mentega

ARAHAN:
a) Pecahkan telur ke dalam mangkuk dan pukul hingga sebati.
b) Panaskan mentega dalam kuali tidak melekat dengan api sederhana sehingga cair.
c) Tuangkan telur yang telah dipukul ke dalam kuali dan biarkan ia masak selama kira-kira 1 minit atau sehingga bahagian tepi mula set.
d) Sapukan nenas yang dipotong dadu secara rata pada separuh bahagian telur dadar.
e) Taburkan daun pudina yang dicincang ke atas nanas.
f) Taburkan gula ke atas nanas dan pudina.
g) Menggunakan spatula, lipat separuh lagi telur dadar dengan berhati-hati di atas inti.
h) Masak lagi 1-2 minit atau sehingga telur dadar masak dan nenas sedikit empuk.
i) Pindahkan ke dalam pinggan dan hidangkan hangat.

SANDWICH DAN GULUNG OMELETTE

BAHAN-BAHAN:
- 1/4 cawan bawang besar dicincang halus
- 1 sudu besar mentega
- 4 biji telur
- 1/4 cawan tomato cincang
- 1/8 sudu teh garam
- 1/8 sudu teh sos lada panas
- 4 keping Jones Canadian Bacon
- 4 bagel kosong, belah
- 4 keping keju Amerika yang diproses

ARAHAN:
a) Tumis bawang dalam kuali besar dengan mentega hingga lembut. Kisar sos lada, garam, tomato, dan telur. Pindahkan adunan telur ke dalam kuali. (Campuran hendaklah diletakkan di tepi serta-merta.)

b) Semasa telur ditetapkan, biarkan bahagian yang belum dimasak mengalir di bawahnya dengan menolak tepi yang dimasak ke arah tengah. Masak sehingga telur masak. Sementara itu, bacon gelombang mikro dan jika dikehendaki, roti bakar bagel.

c) Lapiskan keju di atas bahagian bawah bagel. Potong telur dadar menjadi empat.

d) Hidangkan dengan bacon pada bagel.

61. Korean Omelet Roll dengan Rumpai Laut

BAHAN-BAHAN:
- 3 biji telur besar
- ¼ sudu teh garam halal
- 2 sudu teh minyak alpukat
- 2 helai rumpai laut panggang

ARAHAN:
a) Dalam cawan atau mangkuk penyukat cecair, pukul bersama telur dan garam.

b) Panaskan kuali tidak melekat 12 inci atau kuali besi tuang atau keluli karbon yang berperisa baik pada api sederhana. Bila kuali dah panas, masukkan minyak.

c) Tuang separuh telur dan putar kuali sehingga terbentuk lapisan nipis.

d) Apabila bahagian bawah telah ditetapkan dan bahagian atas masih lembap, tambah satu helai rumpai laut panggang.

e) Mula menggulung satu tepi telur, terbalikkan kira-kira 2 inci, dan teruskan lipat sehingga anda sampai ke penghujung. Tolak telur gulung ke tepi kuali.

f) Tuangkan baki telur yang telah dikocok ke dalam kuali. Tip kuali untuk membentuk lapisan telur nipis yang menutupi bahagian bawah sepenuhnya.

g) Apabila bahagian bawah ditetapkan dan bahagian atas masih lembap, letakkan kepingan kedua rumpai laut panggang di atas telur.

h) Gulung telur dadar sekali lagi, bermula pada hujung dengan telur dadar masak sehingga anda sampai ke hujung kuali.

i) Pindahkan telur ke papan pemotong dan potong. Hidangkan dengan kimchi dan nikmati.

BAHAN-BAHAN:
- 2 biji telur besar
- 2 keping ham
- 2 keping keju (seperti cheddar atau Swiss)
- Garam dan lada sulah secukup rasa
- Mentega atau mayonis
- Kepingan roti atau roti sandwic

ARAHAN:
a) Pecahkan telur ke dalam mangkuk dan pukul hingga sebati. Perasakan dengan garam dan lada sulah.

b) Panaskan kuali tidak melekat di atas api sederhana dan cairkan sedikit mentega atau panaskan sedikit minyak.

c) Tuangkan telur yang telah dipukul ke dalam kuali dan masak sehingga set, terbalikkan sekali.

d) Letakkan telur dadar yang telah dimasak pada sekeping roti atau roti sandwic.

e) Lapiskan hirisan ham dan keju di atas telur dadar.

f) Sapukan mentega atau mayonis pada sekeping roti lain atau separuh lagi gulungan.

g) Letakkannya di atas inti untuk membentuk sandwic.

h) Pilihan: Panaskan sandwic dalam penekan panini atau panggang sehingga keju cair dan roti dibakar.

i) Potong sandwic separuh, jika dikehendaki, dan hidangkan hangat.

63. Bungkus Telur Dadar Sayur

BAHAN-BAHAN:
- 3 biji telur besar
- 1/4 cawan lada benggala dipotong dadu
- 1/4 cawan bawang besar dipotong dadu
- 1/4 cawan cendawan dihiris
- Garam dan lada sulah secukup rasa
- Minyak zaitun
- Bungkus tortilla

ARAHAN:

a) Pecahkan telur ke dalam mangkuk dan pukul hingga sebati. Perasakan dengan garam dan lada sulah.

b) Panaskan sedikit minyak zaitun dalam kuali dengan api sederhana.

c) Masukkan lada benggala, bawang besar, dan cendawan yang dihiris dadu ke dalam kuali dan tumis hingga empuk.

d) Tuangkan telur yang telah dipukul ke dalam kuali dan masak, lipat perlahan-lahan dan kacau sehingga set.

e) Letakkan telur dadar yang telah dimasak di tengah-tengah bungkus tortilla.

f) Lipat bahagian tepi tortilla di atas Omelet dan gulungkannya dengan ketat.

g) Pilihan: Panaskan bungkus dalam kuali atau tekan sehingga suam dan garing sedikit.

h) Potong balut separuh, jika mahu, dan hidangkan.

64. Gulung Telur Dadar Salmon Asap

BAHAN-BAHAN:
- 3 biji telur besar
- 2 auns salmon salai
- 2 sudu besar keju krim
- Tangkai dill segar
- Garam dan lada sulah secukup rasa
- Mentega atau minyak
- Lembaran Nori (lembaran rumpai laut)

ARAHAN:

a) Pecahkan telur ke dalam mangkuk dan pukul hingga sebati. Perasakan dengan garam dan lada sulah.

b) Panaskan sedikit mentega atau minyak dalam kuali tidak melekat di atas api sederhana.

c) Tuangkan telur yang telah dipukul ke dalam kuali dan masak sehingga set, terbalikkan sekali.

d) Sapukan krim keju secara rata ke atas telur dadar yang telah dimasak.

e) Letakkan kepingan salmon salai di atas keju krim.

f) Letakkan tangkai dill segar di sepanjang satu tepi telur dadar.

g) Gulung telur dadar dengan ketat, bermula dari tepi dengan dill.

h) Potong telur dadar yang telah digulung menjadi kepingan bersaiz gigitan.

i) Ambil sehelai nori dan letakkan sekeping telur dadar yang telah digulung di atasnya.

j) Gulungkan nori di sekeliling telur dadar.

k) Ulang dengan kepingan telur dadar yang tinggal dan helaian nori.

l) Hidangkan gulungan telur dadar salmon salai sebagai makanan jari atau snek ringan.

65. Sandwic Sosej Telur Pedas

BAHAN-BAHAN:
- 3 biji telur besar
- 2 biji sosej pedas, masak dan dihiris
- 2 keping keju (seperti bicu lada atau cheddar)
- Garam dan lada sulah secukup rasa
- Mentega atau mayonis
- Kepingan roti atau roti sandwic

ARAHAN:
a) Pecahkan telur ke dalam mangkuk dan pukul hingga sebati. Perasakan dengan garam dan lada sulah.

b) Panaskan kuali tidak melekat di atas api sederhana dan cairkan sedikit mentega atau panaskan sedikit minyak.

c) Tuangkan telur yang telah dipukul ke dalam kuali dan masak sehingga set, terbalikkan sekali.

d) Letakkan telur dadar yang telah dimasak pada sekeping roti atau roti sandwic.

e) Lapiskan hirisan sosej pedas dan keju di atas telur dadar.

f) Sapukan mentega atau mayonis pada sekeping roti lain atau separuh lagi gulungan.

g) Letakkannya di atas inti untuk membentuk sandwic.

h) Pilihan: Panaskan sandwic dalam penekan panini atau panggang sehingga keju cair dan roti dibakar.

i) Potong sandwic separuh, jika dikehendaki, dan hidangkan hangat.

BAHAN-BAHAN:
- 3 biji telur besar
- 1/4 cawan tomato potong dadu
- 1/4 cawan timun dipotong dadu
- 1/4 cawan keju feta hancur
- 1 sudu besar pasli segar yang dicincang
- Garam dan lada sulah secukup rasa
- Minyak zaitun
- Bungkus tortilla

ARAHAN:

a) Pecahkan telur ke dalam mangkuk dan pukul hingga sebati. Perasakan dengan garam dan lada sulah.

b) Panaskan sedikit minyak zaitun dalam kuali dengan api sederhana.

c) Masukkan tomato dan timun yang dipotong dadu ke dalam kuali dan tumis sehingga sedikit empuk.

d) Tuangkan telur yang telah dipukul ke dalam kuali dan masak, lipat perlahan-lahan dan kacau sehingga set.

e) Taburkan keju feta yang telah hancur dan pasli segar yang dicincang di atas telur dadar yang telah dimasak.

f) Letakkan campuran Omelet di tengah-tengah bungkus tortilla.

g) Lipat bahagian tepi tortilla di atas Omelet dan gulungkannya dengan ketat.

h) Pilihan: Panaskan bungkus dalam kuali atau tekan sehingga suam dan garing sedikit.

i) Potong balut separuh, jika mahu, dan hidangkan.

FRITTATA

BAHAN-BAHAN:

- 2 Sudu Besar Biji Rami
- 1 cawan susu berasaskan tumbuhan
- 6 auns sisa sayur-sayuran panggang dipotong menjadi kepingan
- ½ cawan sisa bijirin masak
- 1-auns keju zucchini
- 2 sudu besar Minyak kelapa
- 1 sudu besar thyme, basil, dan/atau daun kucai, dicincang halus
- Garam kosher
- Lada hitam yang baru dikisar

ARAHAN:

a) Dalam kuali, panaskan minyak kelapa.

b) Gaulkan bijirin, keju zucchini, dan sayur-sayuran dengan biji rami.

c) Masukkan susu berasaskan tumbuhan dan kacau perlahan dengan spatula.

d) Perasakan dengan garam dan lada sulah secukup rasa.

e) Masak selama 45 saat, atau sehingga tepi ditetapkan.

f) Untuk melonggarkan frittata, goncangkan kuali.

g) Menggunakan pinggan besar, tutup kuali dan balikkan frittata ke atasnya.

h) Panaskan lebih banyak minyak di atas api sederhana, berpusar untuk menyalut semua permukaan.

i) Luncurkan frittata ke dalam dan masak selama 3-5 minit lagi, atau sehingga ia betul-betul set.

BAHAN-BAHAN:

- 2 sudu besar minyak kanola
- 2-3 ulas bawang putih kisar
- ½ cawan bawang cincang
- ¼ cawan lada merah cincang
- 12 kuntum bunga zucchini, basuh dan keringkan
- 1 sudu besar basil segar yang dicincang
- ½ sudu besar oregano segar yang dicincang
- 4 biji telur
- Garam dan lada

ARAHAN:

a) Panaskan ketuhar hingga 400 darjah F.
b) Dalam kuali kalis ketuhar, panaskan minyak kanola.
c) Masukkan bawang putih, bawang besar, dan lada merah.
d) Tumis kira-kira satu minit.
e) Masukkan bunga zucchini dan masak, kacau sekali-sekala, selama kira-kira sepuluh minit sehingga mereka berwarna perang.
f) Masukkan basil dan oregano. Kacau hingga sebati.
g) Dalam mangkuk, pukul telur dengan garam dan lada sulah secukup rasa. Kacau ke dalam sayur.
h) Kecilkan api dan masak sehingga telur sebati. Masukkan kuali ke dalam ketuhar dan bakar sehingga masak kira-kira 15-20 minit.
i) Potong ke dalam baji dan hidangkan. Boleh dihidangkan pada suhu panas atau bilik.

BAHAN-BAHAN:
- 1 tandan asparagus
- 6 keping bacon, masak dan hancur
- 8 biji telur
- 1/4 cawan susu
- 1/2 cawan keju cheddar yang dicincang
- Garam dan lada sulah secukup rasa

ARAHAN:

a) Panaskan ketuhar hingga 375°F (190°C).

b) Potong hujung asparagus yang keras dan potong menjadi kepingan 1 inci.

c) Dalam kuali, tumis asparagus dengan api sederhana sehingga lembut, kira-kira 5-6 minit.

d) Dalam mangkuk, pukul bersama telur, susu, garam dan lada sulah.

e) Masukkan asparagus yang telah dimasak dan bacon hancur.

f) Tuangkan adunan ke dalam loyang pai 9 inci yang telah digris dan taburkan keju cheddar yang dicincang di atasnya.

g) Bakar dalam ketuhar yang telah dipanaskan selama 25-30 minit atau sehingga frittata ditetapkan dan sedikit keemasan di atasnya.

h) Keluarkan dari ketuhar dan biarkan ia sejuk selama beberapa minit sebelum dihiris dan dihidangkan.

BAHAN-BAHAN:

- 8 biji telur besar
- 4 keping prosciutto, dicincang
- 1 cawan tomato ceri, dibelah dua
- ½ cawan keju Gruyere yang dicincang
- ¼ cawan pasli segar yang dicincang
- Garam dan lada sulah secukup rasa
- 2 sudu besar minyak zaitun

ARAHAN:

a) Panaskan ketuhar anda kepada 375°F (190°C).

b) Dalam mangkuk, pukul telur bersama-sama dan perasakan dengan garam dan lada sulah.

c) Panaskan minyak zaitun dalam kuali yang selamat untuk ketuhar dengan api sederhana.

d) Masukkan prosciutto cincang dan tomato ceri ke dalam kuali dan masak selama beberapa minit sehingga tomato lembut.

e) Tuangkan telur yang telah dipukul ke atas prosciutto dan tomato ke dalam kuali.

f) Taburkan keju Gruyere yang dicincang dan pasli cincang rata di atas telur.

g) Pindahkan kuali ke dalam ketuhar yang telah dipanaskan dan bakar selama kira-kira 15 minit atau sehingga frittata ditetapkan dan berwarna perang keemasan.

h) Keluarkan dari ketuhar dan biarkan sejuk sedikit sebelum dihiris.

i) Hidangkan hangat atau pada suhu bilik.

BAHAN-BAHAN:
- 1 ekor udang galah, masak dan potong dadu
- 6 biji telur besar
- 1 cawan daun bayam segar
- ¼ cawan bawang besar dipotong dadu
- ¼ cawan lada benggala merah dipotong dadu
- ¼ cawan keju Parmesan parut
- Garam dan lada sulah secukup rasa
- Daun selasih segar untuk hiasan

ARAHAN:

a) Panaskan ketuhar anda hingga 350°F (175°C).

b) Dalam mangkuk, pukul telur dan perasakan dengan garam dan lada sulah.

c) Panaskan kuali yang selamat untuk ketuhar di atas api sederhana dan tambah sedikit minyak atau mentega.

d) Tumis bawang besar dan lada benggala merah yang telah dipotong dadu hingga layu.

e) Masukkan daun bayam segar ke dalam kuali dan masak sehingga layu.

f) Tuangkan telur yang telah dipukul ke dalam kuali, biarkan ia memenuhi ruang antara sayur-sayuran.

g) Masukkan daging udang galah yang dipotong dadu rata ke seluruh frittata.

h) Taburkan keju Parmesan parut di atas.

i) Pindahkan kuali ke dalam ketuhar yang telah dipanaskan dan bakar selama kira-kira 15-20 minit atau sehingga frittata ditetapkan dan keju cair dan berwarna perang sedikit.

j) Keluarkan dari ketuhar dan biarkan sejuk sedikit sebelum dihiris.

k) Hiaskan dengan daun selasih segar dan hidangkan hangat.

BAHAN-BAHAN:

- 2 hingga 3 Sudu besar minyak zaitun, dibahagikan
- 1 biji bawang kuning, hiris nipis
- ¼ cawan ham masak, dipotong dadu
- 1 cawan kentang, dikupas, dimasak, dan dipotong dadu
- 4 biji telur, dipukul
- ⅓ cawan keju Parmesan yang dicincang
- garam secukup rasa

ARAHAN:

a) Panaskan 2 sudu besar minyak di atas api sederhana dalam kuali tidak melekat. Tambah bawang; masak dan kacau selama 2 hingga 3 minit.

b) Masukkan ham dan kentang. Masak sehingga bawang dan kentang agak keemasan. Dengan sudu berlubang, keluarkan campuran ke dalam mangkuk; sejuk sikit. Kacau telur, keju, dan garam ke dalam campuran bawang.

c) Kembalikan kuali ke api sederhana; tambah baki minyak, jika perlu.

d) Bila kuali dah panas, masukkan adunan bawang. Masak sehingga frittata berwarna keemasan di bahagian bawah dan bahagian atas mula set kira-kira 4 hingga 5 minit.

e) Letakkan pinggan di atas kuali dan terbalikkan frittata dengan teliti ke atas pinggan.

f) Luncurkan frittata kembali ke dalam kuali. Masak sehingga bahagian bawah berwarna keemasan sedikit, 2 hingga 3 minit.

g) Potong ke dalam baji; hidangkan suam atau pada suhu bilik.

BAHAN-BAHAN:
- 6 biji telur, dipukul
- ⅓ cawan jagung
- ⅓ cawan mayonis
- ¼ cawan susu
- 2 sudu besar bawang hijau, dicincang
- 2 sudu besar lada merah, dicincang
- garam dan lada sulah secukup rasa
- 1 cawan daging ketam, dihiris
- 1 cawan keju Monterey Jack yang dicincang
- Hiasan: bawang hijau dicincang

ARAHAN:

a) Pukul bersama telur, jagung, mayonis, susu, bawang, lada merah, dan garam dan lada sulah secukup rasa. Kacau perlahan-lahan dalam daging ketam.

b) Tuang ke dalam pinggan pai 10" yang telah digris.

c) Bakar pada suhu 350 darjah selama 15 hingga 20 minit. Taburkan dengan keju dan bakar selama 5 minit lagi, atau sehingga keju cair.

d) Hiaskan dengan bawang hijau.

BAHAN-BAHAN:
- 1 bungkusan keju atau ravioli berisi sayuran
- 6 biji telur
- ¼ cawan susu
- 1 cawan sayur campur potong dadu
- ¼ cawan keju Parmesan parut
- Garam dan lada sulah secukup rasa

ARAHAN:
a) Masak ravioli mengikut arahan pakej. Toskan dan ketepikan.

b) Dalam mangkuk, pukul bersama telur, susu, keju Parmesan parut, garam dan lada sulah.

c) Panaskan kuali di atas api sederhana dan griskan sedikit.

d) Masukkan sayur campur yang dipotong dadu ke dalam kuali dan tumis hingga empuk.

e) Masukkan ravioli yang telah dimasak ke dalam kuali dan ratakan.

f) Tuangkan campuran telur ke atas sayur-sayuran dan ravioli.

g) Masak frittata di atas dapur selama beberapa minit sehingga tepi mula set.

h) Pindahkan kuali ke dalam ketuhar yang telah dipanaskan dan bakar pada 350°F (175°C) selama kira-kira 15-20 minit atau sehingga frittata masak dan keemasan di atasnya.

i) Keluarkan dari ketuhar dan biarkan sejuk sedikit sebelum dihiris.

j) Hidangkan ravioli dan frittata sayuran hangat atau pada suhu bilik.

BAHAN-BAHAN:
- 6 biji telur
- ¼ cawan keju feta hancur
- 2 sudu besar tomato kering yang dicincang
- ¼ cawan pasli segar yang dicincang
- Garam dan lada sulah secukup rasa

ARAHAN:
a) Panaskan ketuhar hingga 375°F.
b) Dalam mangkuk, pukul telur dengan garam, lada sulah, dan pasli.
c) Kacau dalam keju feta dan tomato kering matahari.
d) Panaskan kuali selamat ketuhar 10 inci dengan api sederhana.
e) Tuangkan adunan telur ke dalam kuali dan masak selama 5 minit.
f) Pindahkan kuali ke dalam ketuhar dan bakar selama 10-15 minit, sehingga frittata ditetapkan.

BAHAN-BAHAN:
- 6 biji telur
- ½ cawan tomato kering yang dicincang
- ½ cawan ham dipotong dadu
- ¼ cawan basil segar yang dicincang
- Garam dan lada sulah secukup rasa

ARAHAN:
a) Panaskan ketuhar hingga 350°F (175°C).

b) Dalam mangkuk besar, pukul bersama telur, garam dan lada sulah.

c) Masukkan tomato kering, ham dan selasih.

d) Tuangkan adunan ke dalam loyang pai berukuran 9 inci (23 cm) yang telah digris.

e) Bakar selama 20-25 minit atau sehingga telur ditetapkan dan bahagian atas berwarna perang keemasan.

f) Biarkan sejuk selama beberapa minit sebelum dihiris dan dihidangkan.

BAHAN-BAHAN:
- 6 biji telur
- ½ cawan tomato kering yang dicincang
- ½ cawan cendawan dihiris
- ¼ cawan pasli segar yang dicincang
- Garam dan lada sulah secukup rasa

ARAHAN:
a) Panaskan ketuhar hingga 350°F (175°C).

b) Dalam mangkuk besar, pukul bersama telur, garam dan lada sulah.

c) Masukkan tomato kering, cendawan, dan pasli.

d) Tuangkan adunan ke dalam loyang pai berukuran 9 inci (23 cm) yang telah digris.

e) Bakar selama 20-25 minit atau sehingga telur ditetapkan dan bahagian atas berwarna perang keemasan.

f) Biarkan sejuk selama beberapa minit sebelum dihiris dan dihidangkan.

BAHAN-BAHAN:
- 1 paun makaroni masak
- 8 biji telur besar, dipukul
- ½ cawan susu
- Garam dan lada sulah, secukup rasa
- ¼ cawan keju cheddar yang dicincang
- ¼ cawan bawang hijau dicincang

ARAHAN:
a) Panaskan ketuhar hingga 375°F.

b) Dalam mangkuk besar, pukul bersama telur yang dipukul, susu, garam dan lada sulah.

c) Masukkan makaroni yang telah dimasak, keju cheddar yang dicincang, dan bawang hijau yang dicincang ke dalam mangkuk dan kacau hingga sebati.

d) Tuang adunan ke dalam loyang pai 9 inci yang telah digris.

e) Bakar selama 25-30 minit, atau sehingga frittata ditetapkan dan berwarna perang keemasan.

f) Biarkan frittata sejuk selama beberapa minit sebelum dihiris dan dihidangkan.

BAHAN-BAHAN:

- 6 biji telur besar
- ½ cawan keju ricotta
- ½ cawan bayam segar yang dicincang
- ¼ cawan keju Parmesan parut
- ¼ sudu teh garam
- ¼ sudu teh lada hitam
- 1 sudu besar minyak zaitun

ARAHAN:

a) Panaskan daging ayam.

b) Dalam mangkuk besar, pukul bersama telur, ricotta, bayam, keju Parmesan, garam dan lada sulah.

c) Panaskan minyak zaitun dalam kuali kalis ketuhar 10 inci dengan api sederhana.

d) Masukkan campuran telur ke dalam kuali dan masak, kacau sekali-sekala, sehingga bahagian bawah ditetapkan dan bahagian atas sedikit cair, kira-kira 5-7 minit.

e) Letakkan kuali di bawah ayam daging dan masak sehingga bahagian atas berwarna perang keemasan dan telur ditetapkan, kira-kira 2-3 minit.

f) Biarkan frittata sejuk selama beberapa minit, kemudian potong dan hidangkan panas atau pada suhu bilik.

BAHAN-BAHAN:

- 4 biji telur
- 1/4 cawan susu
- kepingan lada merah
- garam dan lada
- 2 tangkai kecil daun Moringa
- 1 sudu besar minyak zaitun
- 8 bebola daging, dibelah empat
- 4 chorizo, dihiris menjadi kepingan 1/2 inci
- 1/8 cawan kacang hijau beku

ARAHAN:

a) Panaskan ketuhar hingga 160 C.

b) Keluarkan daun Moringa dari batangnya dan basuh di bawah air yang mengalir.

c) Pastikan anda mengeluarkan daun dari batang

d) Pecahkan telur ke dalam mangkuk. Masukkan susu. Pukul sehingga semuanya sebati. Perasakan dengan garam, lada sulah, dan kepingan lada merah.

e) Panaskan minyak zaitun dalam kuali dengan api sederhana. Masukkan chorizo dan goreng sehingga perang sedikit dan menjadi lemak.

f) Masukkan bebola daging dan kacang hijau. Kacau untuk menggabungkan semuanya bersama-sama.

g) Tuangkan adunan telur-susu ke dalam kuali. Taburkan dengan daun Moringa.

h) Apabila tepi telur dadar telah mula ditetapkan, keluarkan dari haba dan letakkan di dalam ketuhar. Biarkan masak selama 10 – 13 minit, atau sehingga frittata telah masak sepenuhnya.

i) Keluarkan dari ketuhar dan hidangkan segera.

BAHAN-BAHAN:

- ½bawang merah sederhana, dikisar halus
- 1 kentang Russet sederhana, dipotong dadu halus
- 8 biji telur organik yang besar
- ⅓cawan parut keju Parmesan
- ⅛sudu teh kunyit
- garam laut dan lada hitam secukup rasa
- 4 sudu besar minyak zaitun dara tambahan

ARAHAN:

a) Panaskan minyak dalam kuali sederhana dengan api sederhana selama 1-2 minit. Cincang halus bawang dan kentang kemudian masukkan ke dalam kuali dan tumis pada sederhana rendah selama kira-kira 8 minit atau sehingga bawang lut sinar dan kentang empuk garpu.

b) Pukul telur dengan Parmesan dan kunyit dalam mangkuk saiz sederhana kemudian masukkan ke dalam kuali. Masak selama kira-kira 5 minit, kacau secara berterusan untuk berebut. Keluarkan telur dari kuali dan ketepikan dalam mangkuk sederhana.

c) Kembalikan kuali ke dalam penunu dan tambah lagi 1-2 sudu besar. daripada minyak zaitun. Naikkan suhu kepada sederhana tinggi dan panaskan minyak selama 1 minit.

d) Kembalikan telur ke dalam kuali, bentukkan patty dengan spatula semasa memasak, goncangkan kuali perlahan-lahan untuk mengelakkan telur daripada melekat dan ditekan untuk memastikan frittata seragam.

e) Masak lebih kurang 2 minit kemudian tutup kuali dengan pinggan leper yang besar. Pegang pemegang kuali dan tekan bahagian tengah pinggan dengan tapak tangan sebelah lagi kemudian balikkan frittata ke atas pinggan.

f) Luncurkan frittata semula ke dalam kuali dan masak selama 2 minit lagi di sisi lain.

g) Ketepikan untuk menyejukkan selama beberapa minit kemudian potong kepada kepingan yang dikehendaki.

BAHAN-BAHAN:

- 6 biji telur besar
- 1 cawan daging masak dan hancur
- 1 cawan kentang potong dadu, masak
- 1/4 cawan bawang besar dipotong dadu
- Garam dan lada sulah secukup rasa
- 1 sudu besar minyak zaitun

ARAHAN:

a) Panaskan ketuhar anda kepada 375°F (190°C).

b) Pukul telur dalam mangkuk sehingga sebati. Perasakan dengan garam dan lada sulah.

c) Panaskan minyak zaitun dalam kuali yang selamat untuk ketuhar dengan api sederhana.

d) Masukkan bawang potong dadu ke dalam kuali dan tumis hingga lut sinar.

e) Masukkan kentang yang dipotong dadu ke dalam kuali dan masak sehingga keperangan.

f) Tuangkan telur yang telah dipukul ke atas kentang dan bawang.

g) Taburkan bacon hancur rata ke atas telur.

h) Masak di atas dapur selama kira-kira 3-4 minit atau sehingga bahagian tepi mula set.

i) Pindahkan kuali ke dalam ketuhar yang telah dipanaskan dan bakar selama 12-15 minit atau sehingga frittata ditetapkan dan berwarna perang keemasan.

j) Keluarkan dari ketuhar, biarkan ia sejuk selama beberapa minit, kemudian potong dan hidangkan.

BAHAN-BAHAN:

- 6 biji telur besar
- 1 cawan tomato ceri, dibelah dua
- 1/4 cawan basil segar yang dicincang
- Garam dan lada sulah secukup rasa
- 1 sudu besar minyak zaitun

ARAHAN:

a) Panaskan ketuhar anda kepada 375°F (190°C).

b) Pukul telur dalam mangkuk hingga sebati. Perasakan dengan garam dan lada sulah.

c) Panaskan minyak zaitun dalam kuali yang selamat untuk ketuhar dengan api sederhana.

d) Masukkan tomato ceri ke dalam kuali dan tumis sehingga sedikit empuk.

e) Tuangkan telur yang telah dipukul ke atas tomato.

f) Taburkan basil cincang rata ke atas telur.

g) Masak di atas dapur selama kira-kira 3-4 minit atau sehingga bahagian tepi mula set.

h) Pindahkan kuali ke ketuhar yang telah dipanaskan dan bakar selama 12-15 minit atau sehingga frittata ditetapkan dan berwarna perang sedikit.

i) Keluarkan dari ketuhar, biarkan ia sejuk selama beberapa minit, kemudian potong dan hidangkan.

BAHAN-BAHAN:

- 6 biji telur besar
- 1 cawan ham dipotong dadu
- 1/2 cawan keju cheddar yang dicincang
- 1/4 cawan bawang besar dipotong dadu
- Garam dan lada sulah secukup rasa
- 1 sudu besar mentega

ARAHAN:

a) Panaskan ketuhar anda kepada 375°F (190°C).

b) Pukul telur dalam mangkuk sehingga sebati. Perasakan dengan garam dan lada sulah.

c) Panaskan mentega dalam kuali yang selamat untuk ketuhar dengan api sederhana.

d) Masukkan bawang potong dadu ke dalam kuali dan tumis hingga lut sinar.

e) Masukkan ham dipotong dadu ke dalam kuali dan masak sehingga perang sedikit.

f) Tuangkan telur yang telah dipukul ke atas ham dan bawang.

g) Taburkan keju cheddar yang dicincang rata ke atas telur.

h) Masak di atas dapur selama kira-kira 3-4 minit atau sehingga bahagian tepi mula set.

i) Pindahkan kuali ke dalam ketuhar yang telah dipanaskan dan bakar selama 12-15 minit atau sehingga frittata ditetapkan dan berwarna perang keemasan.

j) Keluarkan dari ketuhar, biarkan ia sejuk selama beberapa minit, kemudian potong dan hidangkan.

QUICHE

BAHAN-BAHAN:
- 1 kerak pai yang telah dibuat
- 6 biji telur
- 1 cawan susu
- ½ cawan daging masak cincang
- ¼ cawan tomato kering yang dicincang
- ¼ cawan keju Parmesan parut
- Garam dan lada sulah secukup rasa

ARAHAN:
a) Panaskan ketuhar hingga 375°F.
b) Letakkan kerak pai dalam hidangan pai 9 inci dan cucuk bahagian bawahnya dengan garpu.
c) Dalam mangkuk, pukul telur dengan susu, garam dan lada sulah.
d) Kacau dalam bacon, tomato kering matahari, dan keju Parmesan.
e) Tuang adunan telur ke dalam kulit pai.
f) Bakar selama 40-45 minit, sehingga quiche ditetapkan.

BAHAN-BAHAN:

- 1 kerak pai pra-buat (dibeli di kedai atau buatan sendiri)
- 1 tandan asparagus, dipotong
- 1 sudu besar minyak zaitun
- 1 biji bawang kecil, potong dadu
- 4 biji telur besar
- 1 cawan krim berat
- 1/2 cawan keju biru hancur
- Garam dan lada sulah secukup rasa
- Hiasan pilihan: daun thyme segar

ARAHAN:

a) Panaskan ketuhar hingga 375°F (190°C) dan letakkan kerak pai dalam hidangan pai.

b) Bakar kerak pai secara buta dengan melapiknya dengan kertas pacmen dan mengisinya dengan pemberat pai atau kacang kering. Bakar selama kira-kira 10 minit, kemudian keluarkan pemberat dan kertas parchment dan bakar selama 5 minit tambahan sehingga sedikit keemasan. Mengetepikan.

c) Dalam kuali, panaskan minyak zaitun dengan api sederhana. Masukkan bawang besar potong dadu dan tumis hingga layu dan lut sinar.

d) Sementara itu, masak periuk air masin sehingga mendidih. Masukkan asparagus yang telah dipotong dan rebus selama kira-kira 2-3 minit sehingga sedikit lembut. Toskan asparagus dan bilas dengan air sejuk untuk menghentikan proses memasak. Potong asparagus menjadi kepingan bersaiz gigitan.

e) Dalam mangkuk adunan, pukul bersama telur dan krim kental sehingga sebati. Perasakan dengan garam dan lada sulah.

f) Taburkan keju biru yang telah hancur rata di atas kerak pai yang telah dibakar.

g) Taburkan bawang tumis dan kepingan asparagus di atas keju biru.

h) Tuangkan campuran telur dan krim ke atas inti, pastikan ia meliputi bahan-bahan dengan sekata.

i) Pilihan: Taburkan daun thyme segar di atas quiche untuk menambah rasa.

j) Letakkan quiche pada lembaran pembakar dan bakar dalam ketuhar yang telah dipanaskan selama kira-kira 30-35 minit, atau sehingga inti ditetapkan dan bahagian atas berwarna perang keemasan.

k) Keluarkan dari ketuhar dan biarkan quiche sejuk selama beberapa minit sebelum dihiris dan dihidangkan.

l) Nikmati gabungan lazat asparagus dan keju biru dalam quiche yang enak ini, sama ada hangat atau pada suhu bilik.

BAHAN-BAHAN:

- 1 kerak pai yang telah dibuat
- 6 biji telur besar
- 1 cawan cendawan dihiris
- 4 keping prosciutto, dicincang
- 1 cawan keju Swiss yang dicincang
- ½ cawan susu
- ¼ cawan daun kucai segar yang dicincang
- Garam dan lada sulah secukup rasa

ARAHAN:

a) Panaskan ketuhar anda kepada 375°F (190°C).

b) Letakkan kerak pai yang telah dibuat sebelumnya dalam hidangan pai 9 inci dan ketepikan.

c) Dalam kuali, tumis cendawan yang dihiris sehingga ia lembut dan sebarang cecair telah sejat.

d) Dalam mangkuk, pukul telur bersama susu, garam dan lada sulah.

e) Sapukan cendawan tumis secara merata ke atas kulit pai.

f) Taburkan prosciutto cincang dan keju Swiss yang dicincang di atas cendawan.

g) Tuangkan adunan telur ke atas inti kerak pai.

h) Taburkan daun kucai yang telah dicincang di atasnya.

i) Letakkan quiche dalam ketuhar yang telah dipanaskan dan bakar selama kira-kira 30-35 minit sehingga inti ditetapkan dan bahagian atas berwarna perang keemasan.

j) Keluarkan dari ketuhar dan biarkan ia sejuk selama beberapa minit sebelum dihiris.

k) Hidangkan hangat atau pada suhu bilik.

BAHAN-BAHAN:
- 2 cawan campuran Bisquick
- ½ cawan susu
- 4 biji telur
- 1 cawan keju cheddar yang dicincang
- 1 cawan sayur-sayuran cincang (seperti bayam, cendawan, dan lada benggala)
- ½ cawan daging atau ham yang dimasak, dicincang
- Garam dan lada sulah secukup rasa

ARAHAN:
a) Panaskan ketuhar hingga 375°F (190°C) dan griskan hidangan pai.

b) Dalam mangkuk adunan, satukan adunan Bisquick, susu dan telur untuk membuat kerak quiche.

c) Ratakan adunan kerak pada bahagian bawah dan tepi pinggan pai yang telah digris.

d) Dalam mangkuk lain, campurkan keju yang dicincang, sayur cincang, daging atau ham yang dimasak, garam dan lada sulah.

e) Tuang adunan ke dalam kulit pai.

f) Bakar selama 30-35 minit atau sehingga bahagian tengah ditetapkan dan kerak berwarna perang keemasan.

g) Biarkan quiche sejuk selama beberapa minit sebelum dihiris dan dihidangkan.

BAHAN-BAHAN:
- 8 keping bacon, dimasak rangup, hancur dan dibahagikan
- Kerak pai beku 9 inci dicairkan
- 2 cawan keju Monterey Jack yang dicincang
- Pakej 10 auns bayam cincang beku, dicairkan dan toskan
- 1½ cawan susu
- 3 biji telur, dipukul
- 1 Sudu besar tepung serba guna

ARAHAN:

a) Taburkan separuh daripada daging hancur di bahagian bawah kerak pai. Campurkan keju, bayam, susu, telur, dan tepung. Tuang atas kerak.

b) Taburkan baki daging hancur di atas.

c) Bakar pada suhu 350 darjah selama satu jam, atau sehingga bahagian tengah ditetapkan.

BAHAN-BAHAN:

- 1 epal; tart, dicincang
- 2 sudu besar Mentega
- 7 auns keju Cheddar; dicincang
- 1 kerak pai 10 inci; buatan sendiri
- 1 sudu besar Gula
- ¼ sudu teh Kayu Manis
- 3 biji Telur besar
- 1½ cawan krim putar

ARAHAN:

a) Panaskan ketuhar hingga 375 darjah F.

b) Tumis epal selama 5 minit dalam mentega.

c) Satukan dengan keju dan masukkan ke dalam kulit pai. Satukan gula dan kayu manis dan taburkan ke atas epal dan keju. Dalam mangkuk, pukul bersama telur dan krim putar, dan tuangkan epal dan keju.

d) Bakar selama 35 minit atau sehingga set.

BAHAN-BAHAN:
- 1 kerak pai yang disejukkan
- 1 cawan emping jagung hancur
- 1 cawan sosej sarapan masak, hancur
- 1 cawan keju cheddar yang dicincang
- 4 biji telur besar
- 1 cawan susu
- ½ sudu teh garam
- ¼ sudu teh lada hitam
- ¼ sudu teh serbuk bawang putih
- ¼ sudu teh paprika

ARAHAN:

a) Panaskan ketuhar anda kepada 375°F (190°C). Tekan kerak pai ke dalam hidangan pai 9 inci.

b) Ratakan cornflakes yang telah dihancurkan di bahagian bawah kulit pai.

c) Taburkan sosej sarapan yang hancur dan keju cheddar yang dicincang di atas emping jagung.

d) Dalam mangkuk adunan, pukul bersama telur, susu, garam, lada hitam, serbuk bawang putih, dan paprika.

e) Tuangkan adunan telur ke atas sosej dan keju ke dalam kerak pai.

f) Bakar selama 35-40 minit atau sehingga quiche ditetapkan dan bahagian atasnya berwarna perang keemasan.

g) Keluarkan dari ketuhar dan biarkan ia sejuk selama beberapa minit sebelum dihiris dan dihidangkan.

BAHAN-BAHAN:

- 1 helai pastri pai yang disejukkan
- 2 cawan keju Colby-Monterey Jack yang dicincang, dibahagikan
- ¾ cawan ham masak sepenuhnya kiub
- 2 sudu besar minyak zaitun
- 1 cawan sayur kolard cincang beku, dicairkan dan toskan
- 1 bawang kecil, dicincang
- 1 ulas bawang putih, dikisar
- ¼ sudu teh garam
- ¼ sudu teh lada
- 6 biji telur besar
- 1 cawan 2% susu

ARAHAN:

a) Tetapkan ketuhar kepada 375 ° dan mulakan pemanasan awal. Buka gulungan lembaran pastri pada pinggan pai 9 inci; kelim tepi. Taburkan ke bahagian bawah pinggan pai yang dialas pastri dengan satu cawan keju. Taburkan dengan ham.

b) Panaskan minyak dalam kuali besar dengan api sederhana tinggi. Masukkan bawang dan sayur kolard; masak sambil kacau sehingga bawang lembut, kira-kira 5 hingga 7 minit.

c) Masukkan bawang putih, dan masak selama 1 minit. Campurkan lada sulah dan garam. Lapiskan ham dengan sayur-sayuran.

d) Pukul susu dan telur bersama dalam mangkuk besar sehingga sebati.

e) Pindahkan ke atas. Taburkan dengan baki keju.

f) Bakar selama 35 hingga 40 minit di atas rak ketuhar yang lebih rendah sehingga pisau yang ditambahkan di tengah keluar bersih. Biarkan selama 10 minit sebelum anda mula memotong. Pilihan beku: Bekukan quiche yang belum dibakar dengan penutup.

g) Untuk menggunakan, keluarkan dari peti sejuk setengah jam sebelum dibakar (jangan nyahbeku). Tetapkan ketuhar kepada 375 ° dan mulakan pemanasan awal. Letakkan quiche pada a

h) lembaran pembakar. Bakar seperti yang diarahkan, tetapkan masa kepada 50 minit hingga satu jam.

BAHAN-BAHAN:
- 1½ cawan (6 auns) keju Swiss parut
- 8 keping bacon atau ham, masak & hancur
- 3 biji telur
- 1 cawan krim berat
- ½ cawan susu
- ¼ sudu teh lada
- 1 kerak pai beku pra-dibuat

ARAHAN:

a) Taburkan keju dan bacon/ham ke dalam kerak pai beralaskan pastri.

b) Pukul bahan yang tinggal bersama dan tuangkan keju dan ham.

c) Bakar pada suhu 375 darjah selama 45 minit.

BAHAN-BAHAN:

- 1 kerak pai yang sudah sedia
- 3 biji telur
- 1 cawan krim ringan
- ½ cawan krim kental
- ½ sudu teh Garam
- ½ sudu teh Lada
- ¼ sudu teh lada Cayenne
- ¼ sudu teh Pala
- 6 auns keju Gruyere; parut
- 1½ cawan sayur panggang

ARAHAN:

a) Lapiskan 4 auns keju dan sayur-sayuran panggang pada kerak yang belum dibakar dan letakkan di atas loyang, kemudian atas dengan baki keju.

b) Pukul bahan yang tinggal bersama kecuali keju.

c) Tuangkan ke atas sayur-sayuran dan keju dan taburkan dengan baki keju.

d) Bakar selama 35 hingga 45 minit, jauh dari api terus, sehingga quiche kembang dan perang keemasan.

BAHAN-BAHAN:

- 2 sudu besar Minyak Kelapa
- 1 bawang, dicincang
- 1 ulas bawang putih, dikisar
- 2 cawan brokoli segar, dicincang
- 1 kerak pai
- 1 cawan tauhu sutera
- ½ cawan Susu Ganja berasaskan tumbuhan
- Garam dan lada sulah secukup rasa

ARAHAN:

a) Panaskan ketuhar hingga 350 darjah Fahrenheit.
b) Panaskan minyak kelapa dalam periuk.
c) Masukkan brokoli, bawang besar dan bawang putih.
d) Kacau sayur sekali-sekala hingga empuk.
e) Masukkan tauhu yang telah dikeringkan dan Susu Berasaskan Tumbuhan Ganja dalam pemproses makanan dan nadi
f) Sudukan sayur-sayuran yang dimasak dan campuran tauhu CannaMilk ke dalam kerak pai yang belum dibakar.
g) Bakar selama 30 minit.

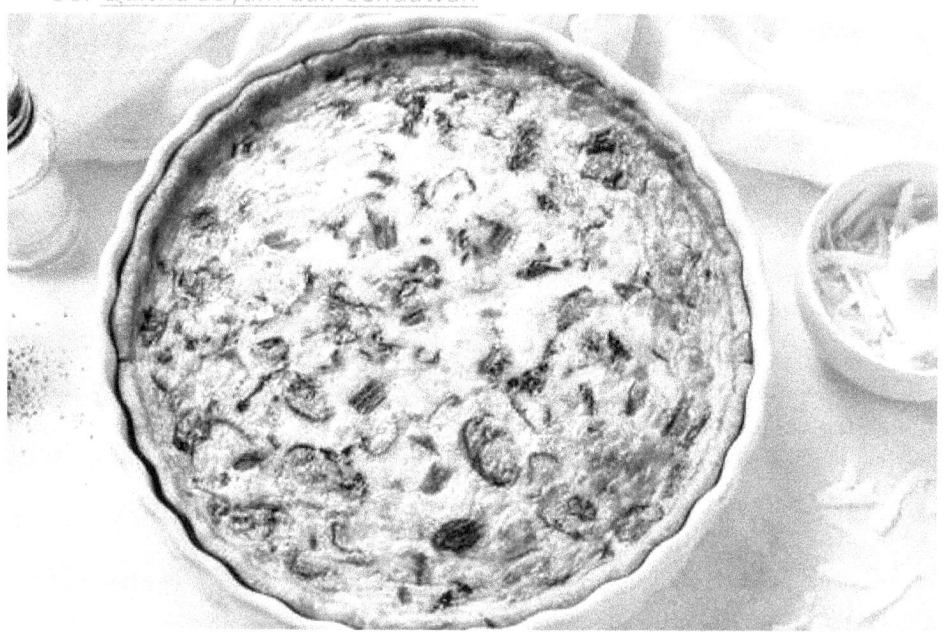

BAHAN-BAHAN:

- 1 kerak pai yang telah dibuat
- 3 biji telur besar
- 1 cawan bayam segar, dicincang
- 1 cawan cendawan dihiris
- 1/2 cawan keju Swiss yang dicincang
- 1/2 cawan susu
- Garam dan lada sulah secukup rasa
- 1 sudu besar minyak zaitun

ARAHAN:

a) Panaskan ketuhar anda kepada 375°F (190°C).

b) Panaskan minyak zaitun dalam kuali dengan api sederhana. Masukkan cendawan dan masak sehingga empuk.

c) Masukkan bayam cincang ke dalam kuali dan masak sehingga layu. Keluarkan dari haba dan biarkan ia sejuk.

d) Dalam mangkuk, pukul telur, susu, garam dan lada sulah bersama-sama.

e) Letakkan kerak pai dalam hidangan pai dan sapukan bayam dan campuran cendawan secara merata ke atas kerak.

f) Taburkan keju Swiss yang dicincang ke atas sayur-sayuran.

g) Tuang adunan telur ke atas inti.

h) Bakar dalam ketuhar yang telah dipanaskan selama 30-35 minit atau sehingga quiche ditetapkan dan berwarna perang keemasan.

i) Keluarkan dari ketuhar, biarkan ia sejuk selama beberapa minit, kemudian potong dan hidangkan.

BAHAN-BAHAN:

- 1 kerak pai yang telah dibuat
- 3 biji telur besar
- 1 cawan daging masak dan hancur
- 1 cawan keju cheddar yang dicincang
- 1/2 cawan susu
- Garam dan lada sulah secukup rasa

ARAHAN:

a) Panaskan ketuhar anda kepada 375°F (190°C).
b) Letakkan kerak pai dalam hidangan pai.
c) Dalam mangkuk, pukul telur, susu, garam dan lada sulah bersama-sama.
d) Sapukan bacon yang telah hancur secara merata ke atas kulit pai.
e) Taburkan keju cheddar yang dicincang ke atas bacon.
f) Tuang adunan telur ke atas inti.
g) Bakar dalam ketuhar yang telah dipanaskan selama 30-35 minit atau sehingga quiche ditetapkan dan bahagian atasnya berwarna perang keemasan.
h) Keluarkan dari ketuhar, biarkan ia sejuk selama beberapa minit, kemudian potong dan hidangkan.

BAHAN-BAHAN:
- 1 kerak pai yang telah dibuat
- 3 biji telur besar
- 1 cawan kuntum brokoli kukus, dicincang
- 1/2 cawan keju feta hancur
- 1/2 cawan susu
- Garam dan lada sulah secukup rasa

ARAHAN:
a) Panaskan ketuhar anda kepada 375°F (190°C).
b) Letakkan kerak pai dalam hidangan pai.
c) Dalam mangkuk, pukul telur, susu, garam dan lada sulah bersama-sama.
d) Sapukan brokoli yang dicincang secara rata di atas kulit pai.
e) Taburkan keju feta yang telah hancur di atas brokoli.
f) Tuang adunan telur ke atas inti.
g) Bakar dalam ketuhar yang telah dipanaskan selama 30-35 minit atau sehingga quiche ditetapkan dan berwarna perang.
h) Keluarkan dari ketuhar, biarkan ia sejuk selama beberapa minit, kemudian potong dan hidangkan.

BAHAN-BAHAN:

- 1 kerak pai yang telah dibuat
- 3 biji telur besar
- 1 cawan ham yang dimasak, dipotong dadu
- 1 cawan asparagus, dipotong dan dicincang
- 1/2 cawan keju Gruyere yang dicincang
- 1/2 cawan susu
- Garam dan lada sulah secukup rasa

ARAHAN:

a) Panaskan ketuhar anda kepada 375°F (190°C).

b) Letakkan kerak pai dalam hidangan pai.

c) Dalam mangkuk, pukul telur, susu, garam dan lada sulah bersama-sama.

d) Sapukan ham yang dipotong dadu dan asparagus yang dicincang secara merata ke atas kulit pai.

e) Taburkan keju Gruyere yang dicincang di atas inti.

f) Tuang adunan telur ke atas inti.

g) Bakar dalam ketuhar yang telah dipanaskan selama 30-35 minit atau sehingga quiche ditetapkan dan berwarna perang keemasan.

h) Keluarkan dari ketuhar, biarkan ia sejuk selama beberapa minit, kemudian potong dan hidangkan.

BAHAN-BAHAN:
- 1 kerak pai yang telah dibuat
- 3 biji telur besar
- 1 cawan tomato ceri, dibelah dua
- 1/4 cawan basil segar yang dicincang
- 1/2 cawan keju mozzarella yang dicincang
- 1/2 cawan susu
- Garam dan lada sulah secukup rasa

ARAHAN:
a) Panaskan ketuhar anda kepada 375°F (190°C).
b) Letakkan kerak pai dalam hidangan pai.
c) Dalam mangkuk, pukul telur, susu, garam dan lada sulah bersama-sama.
d) Sapukan tomato ceri yang dibelah dua dan basil cincang secara merata ke atas kulit pai.
e) Taburkan keju mozzarella yang dicincang di atas inti.
f) Tuang adunan telur ke atas inti.
g) Bakar dalam ketuhar yang telah dipanaskan selama 30-35 minit atau sehingga quiche ditetapkan dan berwarna perang.
h) Keluarkan dari ketuhar, biarkan ia sejuk selama beberapa minit, kemudian potong dan hidangkan.

KESIMPULAN

Kami berharap "Seni Telur Dadar" telah memberikan anda alat, inspirasi dan pengetahuan untuk mencipta telur dadar yang luar biasa yang membawa kegembiraan dan kepuasan kepada meja makan anda. Daripada kombinasi klasik yang tidak pernah gagal untuk menggembirakan kepada ciptaan yang inovatif dan mencabar, dunia telur dadar adalah milik anda untuk diterokai dan ditakluki.

Ingat, kunci kepada telur dadar yang sempurna terletak pada keseimbangan bahan, teknik lipatan, dan semangat yang anda tanamkan ke dalam masakan anda. Biarkan imaginasi anda berjalan liar sambil anda bereksperimen dengan pelbagai inti, herba, rempah ratus dan iringan untuk mencipta telur dadar yang mencerminkan rasa dan gaya anda.

Sama ada anda menikmati makan tengah hari yang santai bersama orang tersayang, menyediakan hidangan yang cepat dan berkhasiat, atau menarik perhatian tetamu dengan kemahiran masakan anda, telur dadar ialah pilihan yang lazat dan serba boleh. Mereka menawarkan kemungkinan yang tidak berkesudahan untuk memuaskan keinginan anda dan menikmati keseronokan mencipta sesuatu yang benar-benar istimewa.

Terima kasih kerana menyertai kami dalam perjalanan cemerlang ini. Semoga telur dadar anda sentiasa gebu, berperisa, dan menjadi kebanggaan masakan. Selamat memasak, dan semoga telur dadar anda membawa kegembiraan ke meja anda dan senyuman kepada mereka yang anda berkongsi dengannya.